Kerstin Teicher

Erfolgreich im Japangeschäft

Geschäftsreisen, Verhandlungskultur, Businessetikette, Personal, Marketing

Bibliografische Information der Deutschen Nationalbibliothek:
Die Deutsche Nationalbibliothek verzeichnet diese Publikation in der Deutschen Nationalbibliografie; detaillierte bibliografische Daten sind im Internet über http://dnb.dnb.de abrufbar.

Umschlaggestaltung: BookDesigns, www.bookdesigns.de
Lektorat: Irene Reinhold

Fotos Frontcover: iStock.com/bee32 und iStock.com/omersukrugoksu
Fotos im Text, soweit nicht anders angegeben: Kerstin Teicher

Herstellung und Verlag: BoD – Books on Demand, Norderstedt

ISBN: 9783842338371

Inhaltsverzeichnis

Vorwort

Über Japan gibt es zahlreiche Informationen und Materialien, vielfach auch kostenlos. Hierbei ist man schnell überfordert. Viele Mythen ranken sich darum, dass Japan so exotisch ist, Japaner so kompliziert und wenig verständlich. Mit dem vorliegenden Ratgeber soll daher ein Einstieg gegeben werden, der den geschäftlichen Umgang mit Japanern einfach, aber fundiert erläutert und gleichzeitig „entmystifiziert". Wie in jedem Land gibt es einige Besonderheiten, die im Umgang miteinander zu beachten sind, aber vielfach reicht etwas „Feingefühl" und gesunder Menschenverstand aus, um Missstimmungen zu vermeiden.

Dabei baut das Buch auf meiner mittlerweile 30jährigen Erfahrung mit Japan auf. 1987 zunächst als Student, dann in verschiedenen Funktionen in Japan und Deutschland habe ich selbst am Verhandlungstisch gesessen oder auch zahlreiche große und kleine europäische Unternehmen oder Freiberufler auf eine Geschäftsreise, Verhandlungen und andere Kontakte mit Japan vorbereitet. 2003 schrieb ich den ersten Ratgeber über Japan in meiner Funktion als Vorstand des Deutsch-Japanischen Wirtschaftskreises (DJW) als Gedächtnisstütze für die Schulungen, die ich bei zahlreichen Unternehmen durchgeführt habe. Diese Auflage, die stets sehr gut bei den Teilnehmern ankam, ist lange vergriffen und natürlich hat sich in den letzten Jahren seitdem auch einiges in Japan verändert – vieles ist aber auch gleich geblieben. Diese Publikation bleibt dem damaligen Ansatz treu, fokussiert vor allem aber die Unterschiede und Entwicklungen der letzten 10 bis 15 Jahre.
Zusätzlich habe ich Experten, Geschäftsleute und auch Mitarbeiter japanischer Unternehmen im Zeitraum von 2015-2017 befragt, um meine eigene – natürlich immer subjektive – Erfahrung noch besser für die Leser dieses Ratgebers zu objektivieren.

Ausländische Unternehmen sind in Japan seit Jahrzehnten in den unterschiedlichsten Branchen erfolgreich und profitabel. Zwar wird Japan noch immer als Ausnahme behandelt, mehr und mehr gilt jedoch, dass mit dem nötigen gesunden Menschenverstand und Hintergrundwissen eine Geschäftstätigkeit in Japan nicht problematischer ist als in anderen Ländern.

Neue Entwicklungen und Themen bieten zudem gerade in der jetzigen Zeit neue Chancen für ausländische Unternehmen: Die wirtschaftliche und politische Lage in der Welt führt auch dazu, dass sich Japan auf seine bewährten Partner gerade in Europa rückbesinnt und aktiv revitalisiert. Darüber hinaus bieten zahlreiche Großereignisse Chancen für ausländische Unternehmen - angefangen mit der CeBIT 2017, auf der Japan als offizielles Partnerland den größten Pavillon der Geschichte dieser Messe stellte. Olympia 2020 wird in Tokyo stattfinden: 56 Jahre nach den olympischen Spielen von 1964, bei denen Japan seine Wirtschaftskraft und beginnende Internationalisierung eindrucksvoll dem Weltpublikum präsentierte. Die Vorbereitungen für 2020 laufen auf Hochtouren und lassen vermuten, dass sich Japan wiederum mit einer perfekten Organisation präsentieren wird.

Um die Besonderheiten eines Systems zu verstehen, bietet es sich nicht zuletzt zur Illustration an, Vergleiche zu ziehen und auf mehr oder weniger hohem Niveau zu abstrahieren. Daher finden sich in diesem Buch Aussagen wie „Der Deutsche" oder „Der Japaner" – es geht dabei nicht darum, alle Menschen über einen Kamm zu scheren oder zu pauschalisieren, doch um die gemeinsamen Charakteristika im Rahmen eines praxisorientierten Ratgebers herauszuarbeiten, ist dieses Vorgehen sehr nützlich. Erst wenn man Muster in einer anderen Kultur erkennt, kann man auch das eigene Vorgehen reflektieren und darauf aufbauend erfolgreich sein.

Ein solcher Ratgeber kann und soll natürlich eine ausführliche Vorbereitung oder weiterführende Erklärungen nicht ersetzen. Sollten Sie zu einzelnen Themen detailliertere Informationen/Literatur benötigen, finden Sie entsprechende Hinweise dazu im Text oder können diese dann auf der Grundlage dieses Ratgebers gezielt bei Spezialisten nachfragen.

Ich hoffe, dass Ihnen die Beschreibungen für Ihre Geschäftstätigkeit hilfreich sind und viele Fehler oder teure Fehlentscheidungen ersparen. Dennoch kann keine Haftung für die hier dargestellten Inhalte, auch nicht für die Richtigkeit der Dokumente, Verträge usw. übernommen werden. Bitte berücksichtigen Sie auch immer, dass sich die Situation geändert haben kann.

März 2017, Kerstin Teicher

Dank

Zahlreiche Menschen waren bereit, mir in Interviews und Rückfragen Rede und Antwort zu Detailthemen zu stehen, bestimmte Kapitel ihrer Expertise Korrektur zu lesen und vieles andere mehr. Ihnen allen sei an dieser Stelle für ihre Zeit und ihre Bereitschaft ganz herzlich gedankt. Dies waren unter anderem in alphabetischer Reihenfolge: Maximilian Fritzsch (TOKURI GmbH), Masataka Konishi, Marina Riessland (JETRO Berlin), Thomas Reichel (Kanematsu Deutschland), Rie Ueno (Waseda Universität Tokyo). Viele weitere wollten namentlich nicht genannt werden, zumeist, weil sie in öffentlichen Funktionen stehen, aber auch ihnen danke ich herzlich für die wertvollen Beiträge.

Dr. Karin Funke-Rapp, die ich seit meinem Studium kenne und schätze, hat drei wichtige Kapitel zu diesem Buch beigetragen (Frauen im Geschäftsleben, Start-ups und Kommunikation/Medien, Sprache), mir als Brainstorming-Partner zur Verfügung gestanden und viele Hinweise gegeben – herzlichen Dank hierfür!
Nicht zuletzt möchte ich mich bei dem paraguayischen Maler Jorge Pavon, der auch für dieses Buch wieder einige Illustrationen beigetragen hat, sowie meiner stets zuverlässigen Lektorin Irene Reinhold herzlich bedanken!

Formale Hinweise

Zur besseren Lesbarkeit wird auf wissenschaftliche Formen wie Fußnoten und Quellenangaben direkt im Text verzichtet. Wichtige Daten oder Tabellen/Graphiken sind jedoch selbstverständlich mit Quellen belegt. Darüber hinaus findet sich am Ende des Buches eine Liste mit Literatur- und Quellenhinweisen.

Weiterhin wird zur besseren Lesbarkeit jeweils nur die männliche oder neutrale Form bei Berufsbezeichnungen oder ähnlichen Begriffen verwendet; hier ist die weibliche Form jedoch stets inhaltlich mit eingeschlossen.
Ebenfalls zur besseren Lesbarkeit wird auf Längungsstriche bei Vokalen verzichet (statt Tōkyō also Tokyo). Die Schreibung von Eigennamen erfolgt in der westlichen Reihenfolge, also Vorname-Nachname.

Die Umrechnung der japanischen Währung Yen (JPY) zum Euro erfolgt – soweit nicht explizit anders erwähnt - der Einfachheit halber im Verhältnis 100 Yen = 0,80 Euro (Stand Januar 2017).

1. Einführung und Überblick

Wirtschaftlich fällt Japan in den letzten Jahrzehnten eher durch negative Schlagzeilen auf: schrumpfendes Wirtschaftswachstum, Deflation, Minuszinsen, alternde Bevölkerung. Dabei ist das Land gemessen am BIP (Bruttoinlandsprodukt) nach wie vor das drittgrößte der Welt, nach den flächen- und einwohnermäßig deutlich größeren Ländern USA und China und noch vor Deutschland! Japan ist für die EU einer der wichtigsten Einzelmärkte überhaupt – sowohl für Ex- als auch für Importe. Hier aktiv zu sein, bedeutet, Zugang zu 20 Prozent des Weltkonsums zu haben, Konsumtrends hautnah zu erfahren, Technologiepfade und neue Geschäftsmodelle direkt an der Quelle zu erleben. Im Zuge einer immer komplexeren geopolitischen Weltlage besinnt sich Japan gerade heute auf bewährte Partner insbesondere aus Europa. Gerade jetzt profitieren ausländische Unternehmen von vereinfachten Steuerbedingungen und den Vorteilen und Anreizen für Investitionen in Japan.

Von der Wirtschaftskraft her sind die einzelnen Regionen beziehungsweise Hauptinseln bereits vergleichbar mit ganzen Ländern (Abbildung Nr. 1).

Nr. 1   Abbildung – Bruttoinlandsprodukt im Vergleich

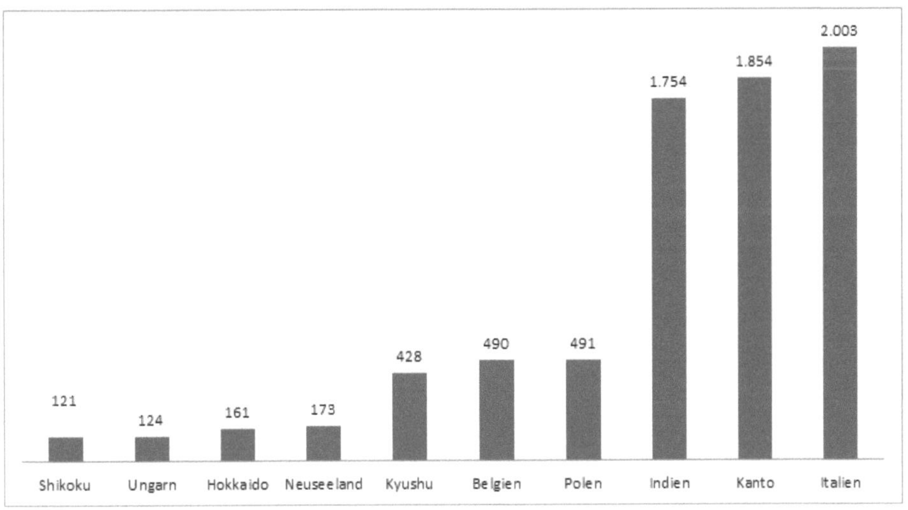

Quelle: www.esri.cao.go.jp/jp/sna/data/data_list/kenmin/files/contents/main_h25.html, Wikipedia, in Mrd. Euro

So ist das Bruttoinlandsprodukt der kleinsten und wirtschaftlich schwächsten Hauptinsel Shikoku so groß wie das von Ungarn; das der südlichsten Insel Kyushu entspricht dem von ganz Belgien und das der Hauptstadtregion Kanto sogar dem von Italien oder Indien! Und allein Tokyo erwirtschaftet so viel wie gesamt Mexiko.
Schon aus diesen Gründen ist Japan ein interessantes Land für Geschäfte.
Um seine Wirtschaft besser einordnen zu können, sind im Folgenden einige weitere Charakteristika des Landes erwähnt. Mit rund 127 Millionen hat es 50 Prozent mehr Einwohner als Deutschland, ist jedoch flächenmäßig etwa genauso groß (378.000 zu 357.000 Quadratkilometern).

Nr. 2   Abbildung – Japan im geographischen Überblick

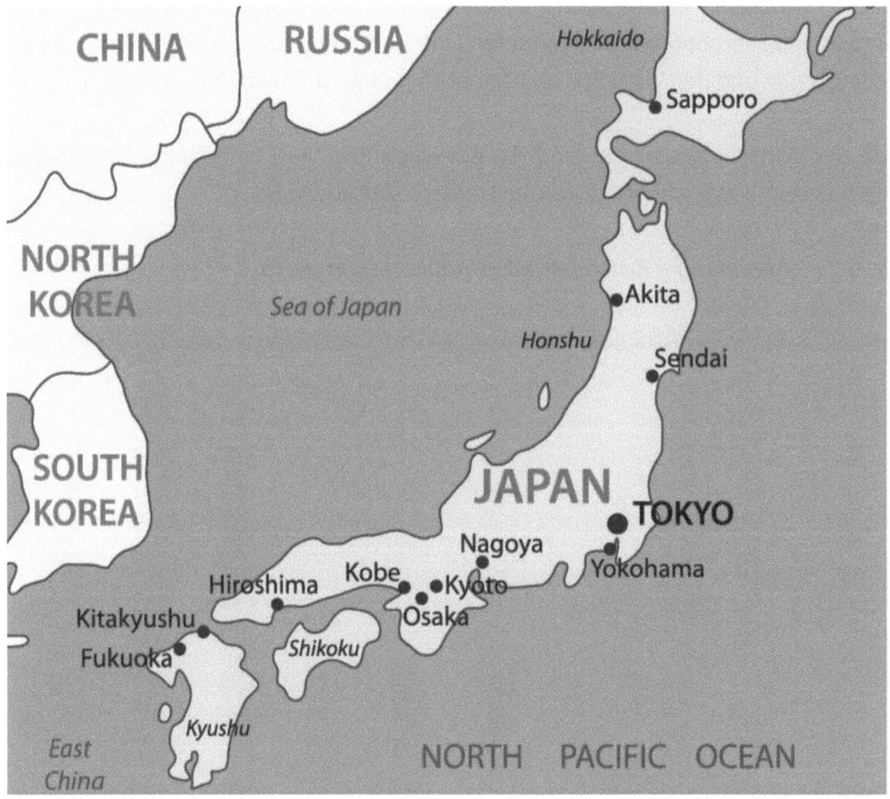

Quelle: iStock.com/pavalena

Geographisch besteht Japan aus vier Haupt- und mehreren tausend kleinen Inseln (Abbildung Nr. 2), die zudem noch sehr gebirgig sind - 73 Prozent der gesamten Landmasse Japans besteht aus Gebirge.

Daher konzentriert sich die Bevölkerung auf einen sehr kleinen bewohnbaren Teil vor allem an den Küsten. Dies macht das Land zu einem der dicht besiedelten der Welt. Zwei Drittel der Bevölkerung lebt auf nur 3,3 Prozent der Landesfläche vor allem um die großen Städte Tokyo/Yokohama, Osaka/Kyoto und Nagoya.

Wenn man diese Faktoren nochmals zur besseren Vergleichbarkeit einordnet: Allein die Kanto-Region um Tokyo/Yokohama hat so viele Einwohner wie ganz Polen und selbst die kleinste der vier Hauptinseln, Shikoku, hat so viele Einwohner wie Kroatien, und die nördlichste Insel, Hokkaido, ist von der Einwohnerzahl her vergleichbar mit Dänemark und von der Fläche her mit Österreich. Gemessen an der Fläche ist Shikoku etwa so groß wie Kuwait, Kanto (Toyko/Yokohama) sogar etwa so groß wie Belgien und die südliche Insel Kyushu nur etwas kleiner als Dänemark (siehe Übersicht Nr. 3). Hinsichtlich der Bevölkerungsdichte wird ein Vergleich zwischen Berlin und Tokyo besonders eindrucksvoll: Während es in Berlin knapp 4.000 Einwohner pro Quadratmeter sind, sind es in Tokyo über 15.000!

Nr. 3   ***Übersicht – Einwohner und Fläche im Vergleich***

Land/Region	Fläche (in qkm)	Einwohner (Mio)
Belgien	30.528	11,2
Dänemark	42.925	5,7
Hokkaido	83.456	5,4
Indien	3.287.000	1.252,0
Italien	301.338	59,8
Kanto	32.424	42,6
Kansai	27.335	22,8
Kroatien	56.594	4,3
Kyushu	36.782	13,0
Polen	312.685	38,5
Shikoku	18.298	4,0
Ungarn	93.030	9,9

Quelle: www.esri.cao.go.jp/jp/sna/data/data_list/kenmin/files/contents/main_h25.html, Wikipedia

Hinzu kommen zwei weitere wirtschaftlich relevante Fakten: Japan verfügt über so gut wie keine Rohstoffe und muss diese importieren. Die Bevölkerung gehört zu den weltweit am stärksten alternden mit einer sehr niedrigen Geburtenrate. Gerade diese Faktoren machen es jedoch zusätzlich zu einem sehr interessanten Markt. Dabei ist die Bevölkerungszusammensetzung mit 99 Prozent Japanern sehr homogen. Der Binnenmarkt in Japan ist trotz einer langanhaltenden Krise mit Deflation noch immer sehr groß und hoch interessant, die Kunden wenig preissensibel, allerdings sehr anspruchsvoll hinsichtlich Qualität und Service.

Das Regierungssystem ist zentralistisch – die Mehrzahl der politischen und wirtschaftlichen Aktivitäten konzentriert sich auf die Hauptstadt Tokyo auf der größten Insel Honshu, die rund 60 Prozent der Fläche des Landes ausmacht. Die drei weiteren großen Inseln sind Kyushu und Shikoku im Süden und Hokkaido im Norden des Landes und erstrecken sich über eine Länge von rund 2.600 Kilometern (Nord-Südausdehnung: rund 2.000 Kilometer). Neben Tokyo und Umgebung (Kanto-Region) spielen wirtschaftlich vor allem noch die sogenannte Kansai-Region um die großen Städte Kyoto, Osaka und Kobe sowie die Chubu-Region rund um Nagoya (vor allem Automobilbranche) eine wichtige Rolle.

Als Industrieland ist es hochmodern; dennoch finden sich sowohl im Stadtbild wie auch im gesellschaftlichen Leben viele Zeugnisse der beiden Hauptreligionen Shinto-ismus und Buddhismus – beispielsweise Tempel, Schreine, aber auch Bräuche wie eine zum Teil noch praktizierte andere Zählweise der Jahre. Tradition und Moderne koexistieren in fast allen Bereichen problem- und konfliktlos nebeneinander.

Japan verzeichnete zwischen dem Ende des 2. Weltkriegs und Ende der 1980er Jahre ein Hochwachstum. Zu jener Zeit beherrschten Unternehmensgruppen (Konglo-merate, japanisch: *Keiretsu*) angeführt von Bankhäusern und ihren international agierenden Handelshäusern (*sogo shosha*) sowie die zum Konzern gehörenden vertikal organisierten Zulieferunternehmen (Produktion) das japanische Wirtschafts-system und auch den Handel Japans mit anderen Ländern. Dies war ein Grund dafür, dass man in westlichen Ländern den Marktzugang nach Japan und den Umgang mit japanischen Unternehmen als schwierig wahrgenommen hat. Zusammen mit der schon optisch einschüchternden Sprachbarriere wurde und wird das Land und der geschäftliche Umgang mit seinen Unternehmen und Menschen noch immer oft mystifizierend dargestellt. Wenn man sich jedoch vor Augen führt, wie wenige Menschen tatsächlich auch nur das Französisch so gut beherrschen (und wie wenig Franzosen umgekehrt (gern) Englisch sprechen), dass sie in der Sprache verhandeln können, muss man sich zumindest von der Sprache her eigentlich keine Sorgen machen, mit einem Land nicht in Geschäftsbeziehung treten zu können.

Natürlich ist Japan ein anderes Land mit zum Teil anderen Sitten und Gebräuchen; es ist jedoch bei weitem nicht so unterschiedlich, wie dies zum Teil verzerrend dargestellt wird. Fehler in der Etikette werden auch in Japan dem Ausländer überwiegend verziehen – es ist daher nicht erfolgversprechender, sich sklavisch an alle Regeln zu halten und „japanischer" als Japaner selbst zu werden. Häufig wird in der allgemeinen Darstellung – oft sogar von Japanern selbst – Japan mit den USA verglichen, was oft zu Verzerrungen führt, da hier größere Unterschiede als zwischen Japan und Deutschland bestehen, sowohl in Bezug auf Einwohnerzahl und Marktgröße als auch in kultureller Hinsicht. Oft ist es daher ratsam, geistig etwas Distanz zu schaffen und mit gesundem Menschenverstand zu beurteilen, ob hier Äpfel mit Birnen verglichen werden oder ob es sich tatsächlich um einen signifikanten Kulturunterschied zu Europa handelt.

Seit Ende der 1990er Jahre hat der Einfluss dieser Netzwerkstrukturen stark abgenommen. Heute bestehen von den ehemals 16 Handelshäusern nur noch sieben. Von Vorteil sind diese Lockerungen speziell für kleine Zulieferunternehmen (besonders im Automobilbereich). Sie haben jetzt eine noch bessere Chance, auf dem japanischen Markt zu agieren.

Strukturell ist Japan durch eine Großzahl von mittelständischen Unternehmen (KMU, Klein-Mittelunternehmen) geprägt, die rund 99 Prozent aller Unternehmen ausmachen, was fast genau dem Anteil auch in Deutschland entspricht. Nichtsdestotrotz dominieren in der öffentlichen Wahrnehmung und Berichterstattung – ebenfalls wie in Deutschland – die großen Unternehmensnamen wie Toyota, Mitsubishi, Sony usw. Allerdings sind in den japanischen KMU lediglich 60 Prozent der Arbeitnehmer beschäftigt und ihr Anteil an der gesamtwirtschaftlichen Wertschöpfung beträgt ebenfalls nur knapp 60 Prozent.

Seit den 1990er und verstärkt seit Anfang der 2000er Jahre sind vermehrt strukturelle Änderungen in Japan spürbar. So haben Änderungen im Rechtssystem unter anderem dazu geführt, dass seit Ende der 1990er Jahre Gründungen von Holdinggesellschaften, Aktientausch und Abspaltung von Unternehmensteilen erlaubt sind. Eine teilweise Adaption der IAS (Internationalen Rechnungslegungsvorschriften) hat Rechnungslegung und Wirtschaftsprüfung vereinfacht.

Auch das aus deutscher Sicht sehr spezielle Personalwesen ist in den letzten 20 Jahren einfacher geworden. Noch immer dominieren zwar festgelegte Verfahren zur Einstellung von Berufsanfängern insbesondere von Universitäten, aber das Thema Arbeitsplatzwechsel ist kein Tabu mehr, wie es noch in den 1990er Jahren der Fall war. Gerade die jungen Arbeitnehmer suchen abseits der festgefahrenen Karrierewege in Großunternehmen häufig interessante andere Möglichkeiten, auch in ausländischen Unternehmen, von denen sie sich eine ausgewogenere Work-Life-Balance versprechen. Allerdings ist aufgrund der Alterung der Bevölkerung der japanische Arbeitsmarkt stark umkämpft. In einigen Regionen Japans ist es schwierig geworden, überhaupt Mitarbeiter zu finden. Dies hat es vor allem Frauen ermöglicht, in den letzten Jahren vermehrt gute Arbeitsplätze auch in Führungspositionen zu finden.

Japan ist insgesamt internationaler geworden. Im Stadtbild in den großen Städten gibt es heutzutage neben den einheimischen auch viele internationale Geschäfte und Ketten (von Bekleidungsgeschäften wie H&M angefangen bis hin zu Fast Food-Restaurants wie Mac Donalds oder Kentucky Fried Chicken). Sogar die schwedische Möbelkette Ikea hat sich seit mehreren Jahren erfolgreich auf dem japanischen Markt etabliert – und das in einem Land, in dem traditionell dem Kunden jegliche Eigenarbeit abgenommen und an DIY gar nicht gedacht wurde!

Schon die gemeinschaftlich mit Südkorea ausgetragene Fußball-WM 2002 führte in Japan zu mehr mehrsprachiger Beschilderung in den Städten. Der Zuschlag für Olympia 2020 verstärkt diese Anstrengungen schon deutlich spürbar im Vorfeld. Damit einher geht auch eine stark gestiegene Bautätigkeit sowie weitere Maßnahmen, das Land für Touristen einfacher zu machen (flächendeckendes kostenloses WLAN, englischsprachige Menüs in Restaurants und vieles andere mehr). Dies alles sind sowohl Faktoren, die es auch Geschäftsreisenden immer einfacher machen, sich im Land zu orientieren, als auch Chancen für neue beziehungsweise verstärkte Geschäftstätigkeit mit Japan eröffnet.

In vielen Bereichen ist Japan nach wie vor führend bei Innovationen – getrieben nicht zuletzt aufgrund der anspruchsvollen japanischen Kunden, die auch stets die neuesten Produkte und bequemsten Features verlangen. Besonders deutlich wurde dies auf der CeBIT 2017 in Hannover, bei der Japan das offizielle Partnerland war und den größten Stand in der Geschichte dieser Leitmesse und sich mit weit über 100 japanischen Unternehmen sowie Innovationen im Bereich Industrie 4.0, Digitalisierung usw. präsentierte. Interessant für verschiedene Branchen kann der japanische Ansatz sein, eines der brennensten Themen in der japanischen Gesellschaft und Wirtschaft, seine demographischen Probleme (Alterung der Bevölkerung), anzugehen: Es ist führend im Einsatz von Roboterlösungen. Vielen europäischen Firmen bietet sich hier eine sehr gute Chance, an diesem Wachstumsmarkt teilzuhaben.

Hinzu kommt ferner, dass Japan historisch gute Beziehungen zu Europa und insbesondere zu Deutschland hat. Dies wird oft mit einer langjährigen Ehe verglichen, in der die eigentliche gute Beziehung aufgrund tagesaktueller Probleme vernachlässigt wird. In Krisenzeiten aber besinnt man sich dann wieder auf den Partner. So ähnlich ist die Aussage eines Interviewpartners zu deuten, der sagte: „Japan sucht angesichts großer Verschiebungen auf weltpolitischer Bühne (geplatztes Abkommen zur Transpazifischen Freihandelszone, China als Risikokandidat beim Absatz usw.) wieder verstärkt den Schulterschluss mit Europa und vor allem mit Deutschland."

Angesichts dieser aktuellen Tendenzen ist der Moment günstiger denn je, gerade jetzt ins Japangeschäft einzusteigen, wenn das eigene Unternehmen, das eigene Produkt für den Markteinstieg und langfristige Geschäftsbeziehungen passend erscheinen.

2. Grundlagen der Geschäftstätigkeit in Japan

Die Art der Geschäftstätigkeit in und mit Japan ist vor allem eine geschäftliche Entscheidung, weniger eine rechtliche. Grundsätzlich sind alle wesentlichen Formen – Export, Joint Venture (JV), Export, Lizenzvergabe, Unternehmenskauf/(M&A), Errichtung eines Tochterunternehmens usw. – rechtlich möglich.
Rechtsunsicherheiten – anders als beispielsweise beim Geschäft mit China – gibt es so gut wie nicht; weder aus vertraglicher Sicht noch in Hinblick auf Piraterie oder geistiges Eigentum. Um erfolgreich in Japan zu sein, gibt es aber Usancen im Geschäfts- und Kundenverhalten, die bestimmte Vorgehensweisen potentiell erfolgversprechender machen. Hierzu gehört unter anderem, dass ein japanischer Partner bzw. Kunde sehr viel Wert darauf legt, dass sein ausländischer Partner auch ein „Gesicht vor Ort in Japan" hat – in welcher Form man dies auch immer tatsächlich realisieren kann oder möchte. Dies gilt natürlich auch für andere Länder, aber in Japan ist es besonders wichtig, um seine Ernsthaftigkeit im Japanengagement zu demonstrieren (Langfristigkeit ist Japanern sehr wichtig) und auch glaubhaft machen zu können, dass der After-Sales-Service verlässlich ist.

Hierfür gibt es für die verschiedenen Rechtsformen verschiedene Möglichkeiten, die im nächsten Absatz überblicksweise skizziert sind.

2.1. Formen des Japan-Engagements

Reiner Export: Hier ist wie auch in anderen Ländern immer ein lokaler Partner eingeschaltet, der sich um die weiteren Schritte kümmert. In Japan waren dies traditionellerweise Handelshäuser. Besonders bekannt sind die sogenannten Generalhandelshäuser (*sogo shosha*), die zu einem der großen Unternehmensnetzwerke gehören. Diese übernehmen nicht nur die Ex- und Importfunktion, sondern auch die Vermittlung zwischen den Geschäftspartnern (auch sprachlich) sowie die Distributionsfunktion.

Daneben gibt es auch Spezialhandelshäuser für bestimmte Branchen oder Produkte. Gerade bei komplizierten oder komplexen Produkten kann dies ein sinnvoller Weg sein, wenn man keine eigene Niederlassung aufbauen kann oder möchte. Durch die Globalisierung ab den 1990er Jahren nahm die Bedeutung der großen Handelshäuser ab. Japanische Unternehmen suchten verstärkt den direkten Kontakt mit ihren ausländischen Partnern, und im Binnenmarkt umgingen Discounter zunehmend die tradierten Vertriebswege. Dennoch ist es noch immer ein im Vergleich zu anderen Ländern sehr beliebter Weg, auch für die japanischen Geschäftspartner selbst, da die Sprachhürde nach wie vor hoch ist. Japaner lieben es „praktisch" (siehe hierzu auch das Stichwort „*benri*" in Abschnitt 5.5) – und dafür nehmen sie dann gern auch höhere Preise in Kauf.

Bei der Errichtung einer eigenen Präsenz gibt es drei grundsätzliche Möglichkeiten: ein Repräsentationsbüro (*representative office*), eine Zweigstelle (*branch office*) oder eine Tochterfirma (als Aktiengesellschaft – *kabushiki gaisha* – oder, eher selten, als GmbH – *godo gaisha*). Jede Form hat ihre speziellen Vorschriften und Eigenschaften. Auch die Organ- und steuerlichen Aspekte müssen dabei berücksichtigt werden. Da dies jeweils ein größeres Engagement sowohl zeitlich als auch finanziell erfordert, sollte hierfür unbedingt ein Anwalt eingeschaltet werden. Auch die japanische Außenhandelsorganisation JETRO (siehe Kapitel 2.3) kann eine sehr gute erste – kostenlose – Beratung geben.

Speziell für KMUs bietet sich neben der Möglichkeit eines japanischen Distributionspartners oder einer kleinen Repräsentanz eine weitere Form des Engagements an: der Firmenpool. Mehrere Unternehmen teilen sich Büro, Ausstattung und Personal und so auch die Kosten. Gerade für kleine Unternehmen ist der Kapitalaufwand für ein Japanengagement sehr hoch. Die Mietkosten in Tokyo sind mit die teuersten in der ganzen Welt. Eine eigene Niederlassung in Japan aufzubauen, ist von den Kapazitäts- und Kapitalgrenzen oft unmöglich. Mit dieser Lösung können es sich auch kleine Firmen leisten, sich mit einer eigenen Repräsentanz im Land ein „Gesicht zu geben" – ein Faktor, den fast alle Unternehmen, die mit Japan Geschäfte machen, für besonders erfolgsentscheidend halten.

Daneben sind auch Unternehmensbeteiligungen, Joint Ventures (JV) und Unternehmenskäufe (M&A) in Japan einfach möglich. Lange Zeit galt diese Form des Markteintritts als besonders schwierig. Rechtlich wurde dies bereits wie eingangs geschildert in den 1990er Jahren vereinfacht. Heutzutage ist das Volumen von M&A-Transaktionen in Japan ungefähr auf vergleichbarer Höhe mit dem in Deutschland. Das Inbound-Volumen, also der Kauf von Unternehmen in Japan, betrug 2015 rund

23,5 Milliarden Euro für 162 Transaktionen. Der gegenwärtige japanische Premierminister Abe hat außerdem das Ziel vorgegeben, das Volumen allgemein für ausländische Investitionen (FDI) von 2012 bis 2020 zu verdoppeln und dafür auch mehrere Branchen dereguliert (u.a. die Genehmigung von Medikamenten, die bereits in den USA eine Marktzulassung haben). Darüber hinaus stehen ausländischen Investoren mittlerweile mehr als 500 wichtige Gesetze und Regulierungen in englischer Übersetzung zur Verfügung.

Für in Japan wohnende Ausländer werden zunehmend Maßnahmen ergriffen, um ihnen das Leben und Arbeiten im Land zu erleichtern. Hierzu gehören sowohl die Vereinfachung bürokratischer Prozesse und die Einrichtung eines One-Stop-Service für Neuunternehmer (siehe Kapitel 2.3) als auch bessere Internetzugänge sowie die Senkung von Sprachbarrieren.

Wenn man sich noch am Anfang des Japanengagements befindet oder neue Zielgruppen kennenlernen möchte, kann es zudem sehr hilfreich sein, an einer der zahlreichen Messen oder Matchingmessen teilzunehmen. Diese werden zum Teil von der Regierung oder staatlichen Organisationen gefördert, auch um japanischen Unternehmen die Gelegenheit zu geben, auf bequeme Weise und neutralem Boden neue und internationale Kontakte zu knüpfen (siehe auch Exkurs Nr. 4). Es lohnt sich auf jeden Fall, sich zu informieren, ob solche Messen für Ihre Branchen stattfinden. Auch werden von verschiedenen Organisationen häufig Informations- und Unternehmerreisen veranstaltet. Informationen erhalten Sie von der zuständigen IHK, Wirtschaftsförderungsgesellschaften und vor allem von der JETRO.

Für jedes Unternehmen, jede Branche und jede Art der Geschäftstätigkeit findet sich eine geeignete Form des Markteintritts, die zudem oft noch von der japanischen Regierung aktiv unterstützt und gefördert wird.

Eine Messeteilnahme ist aus vielen Gründen – nicht nur in Japan – sehr sinnvoll, auch und gerade bei der Marktsondierung.

In Japan spricht für diese Methode zusätzlich die hohe Unterstützung, die interessierte Unternehmen von der japanischen Regierung (zumeist über die Außenhandelsorganisation JETRO, aber auch von einzelnen Präfekturen) erhalten können. Darüber hinaus werden viele Leitmessen für den gesamten asiatischen Raum überwiegend in Tokyo und Umgebung durchgeführt, wie beispielsweise die Tokyo Motor Show, Jimtof (Werkzeugmaschinen), Gift Show, Foodex oder die Semicon (Halbleiter).

Meistens werden Messen von japanischen Fachverbänden organisiert. Das führt dazu, dass alle Mitglieder des entsprechenden Verbandes auf einer Messe ausstellen. Aus Konkurrenzgründen sind in der Regel keine anderen Aussteller anzutreffen. Daher kann man eher von einem Jahrestreffen der Verbände sprechen.

Anders als im deutschsprachigen Raum sind Vertragsabschlüsse auf Messen eher unüblich, sondern sie dienen – und dies ist gerade bei Markteintritt beziehungsweise -analyse sogar interessanter – der „gefahrlosen" Kontaktaufnahme. Viele Japaner fühlen sich trotz internationaler Erfahrungen oft unsicher beim Erstkontakt mit Ausländern und somit bietet sich eine solch „geschützte" Umgebung regelrecht an. Bei Messen, für die speziell Auslandsunternehmen zur Kontaktaufnahme eingeladen werden, gibt es daher oft auch Zusatzservices wie Matchingtermine, Dolmetscherunterstützung usw. Es lohnt sich daher unbedingt, sich danach zu erkundigen.

Auf Messen gelten die verschiedenen Tipps von Kapitel 3 ganz besonders: man sollte sowohl als Besucher als auch als Aussteller Visitenkarten und Informationsmaterial zweisprachig (Englisch und möglichst Japanisch) und vor allem in ausreichender Zahl mitnehmen. Ausreichend bedeutet dabei als Faustregel, die Zahl, die man erwartet, mindestens zu verdoppeln. Das Wichtigste jedoch ist die Nachbereitung einer Messe – das einfache Einsammeln von neuen Kontakten hilft nicht, wenn nicht anschließend ein Dankesbrief mit Material, einem Rückfrageangebot und der Bitte um einen Anschlusstermin geschickt wird.

2.2. Die Start-up-Szene in Japan

Obwohl Japan die drittgrößte Wirtschaftskraft der Welt aufweist und das Land synonym für Innovationen steht, ist die Start-up-Szene noch recht überschaubar. Kein japanisches Start-Up-Unternehmen zählt bislang zu den sogenannten Unicorns (Unternehmen mit einem Unternehmenswert von rund einer Milliarde Euro). Dies liegt zum einen daran, dass die Japaner eher risikoavers sind und zum anderen, dass das Thema in der breiten Öffentlichkeit noch nicht positiv wahrgenommen wird. Denn nach wie vor zieht es die Absolventen der renommierten Hochschulen mehr zu den Großunternehmen, die eine sichere Beschäftigung bieten. Der Unternehmergeist, wie er beispielsweise im Silicon Valley zu finden ist, hat sich noch nicht in Japan etabliert. Immer mehr Japaner jedoch sind bei Start-ups im Ausland engagiert und kehren in ihr Land zurück, um gewonnene Ideen weiterzuentwickeln oder zu realisieren.

Den Universitäten wird bei der weiteren Entwicklung der Start-up-Szene im Land eine entscheidende Rolle zukommen. So hat beispielsweise 2015 die Keio Universität mit der Nomura Holding eine Kooperation abgeschlossen mit dem Ziel, in den nächsten zehn Jahren insgesamt rund acht Millionen Euro Start-up-Kapital aufzubringen. Es ist die erste dieser Art zwischen einer Universität und einer Investmentbank.

Laut einer Studie, die 2016 von dem Beratungsunternehmen Ernest & Young veröffentlicht wurde, liegt das Venture Investment (investierte Risikokapital) in Japan bei rund 1,1 Milliarden Euro, während es in den USA bei rund 83 liegt. Die Zahlen machen deutlich, dass es auf diesem Sektor in Japan noch Luft nach oben gibt. Lebhafte und sichtbare Start-Up-Szenen gibt es mittlerweile in Tokyo und Osaka.

Die japanische Regierung hat großes Interesse daran, das Land für ausländische Investitionen in bestimmten Bereichen zu öffnen. Unternehmer, die in Japan und insbesondere in Tokyo, investieren möchten, erhalten eine gezielte Beratung und Unterstützung zur Unternehmensgründung auch auf Englisch (siehe hierzu im Detail Kapitel 2.3). Im Rahmen des „Smart City"-Projektes von Tokyo unterstützt die Stadt beispielsweise Unternehmer, die auf dem Energiesektor tätig sind, z.B. in den Bereichen erneuerbare Energien oder Abfallmanagement. Daneben werden auch Ansiedlungen von Unternehmen gefördert, die sich mit dem Internet der Dinge (IoT Start-ups), künstlicher Intelligenz (AI/Artificial Intelligence) oder digitaler Finanztechnologie (FinTecs) beschäftigen.

Außerdem wird die Stadtverwaltung von Tokyo vor dem Hintergrund der Olympischen Spiele im Jahr 2020 mit ihrer Strategie FIRST (Finance-Innovation-Rise-Success-Technology) gezielt in diese Wachstumsbranchen investieren. Vor allem im Finanzsektor plant die Stadt Tokyo, "Asia´s Top Global Financial City" zu werden. Zu diesem Zweck ist zwischen 2017 und 2022 die Ansiedlung von 40 neuen ausländischen Finanzfirmen geplant.

Um Freiräume für den kreativen Austausch von Unternehmensgründern im Start-Up-Bereich zu fördern, werden Orte geschaffen, an denen sich ausländische und inländische Unternehmer treffen können. Bereits vorhanden ist ein "Impact Hub Tokyo", ein professioneller Arbeitsraum, der genau diesen offenen, kreativen Austausch fördert und diverse Veranstaltungen anbietet. Der Hub ist Teil eines globalen Netzwerkes für Start-up-Unternehmer, das es bereits in vielen anderen Metropolen weltweit gibt. Es hat zum Ziel, den Austausch zwischen kreativen Köpfen zu fördern; eine Mitgliedschaft ist hierfür jedoch erforderlich. Auch HackerNews, eine weltweite Social Community für Gründer, Unternehmer, Investoren und Finanzexperten aus der Technologiebranche, findet sich in Tokyo, wo sie zahlreiche Veranstaltungen für Gleichgesinnte anbietet.

Mit der weiter voranschreitenden Digitalisierung in sämtlichen Industrieprozessen wird den Start-up Unternehmen generell weltweit eine immer wichtigere Rolle zukommen. Wie in vielen Bereichen agiert Japan hier jedoch eher vorsichtig – sowohl institutionell als auch von Seiten der Individuen. Neue Entwicklungen finden nach wie vor stark in den etablierten Großunternehmen statt. Nichtsdestotrotz sind die Möglichkeiten, Mitarbeiter für Start-ups zu finden oder auch die Kontaktaufnahme zwischen einem Start-up und einem traditionell konservativen Großunternehmen heutzutage besser als je zuvor.

Nützliche Links/Unterstützung für Start-Ups, vor allem bei der Ansiedlung in Tokyo:
Impact Hub Tokyo: http://en.hubtokyo.com
HackerNews Japan: https://hntokyo.doorkeeper.jp
Englische Webseite zu Start-up-Themen in Japan: http://thebridge.jp/en/

Von Karin Funke-Rapp

2.3. Unterstützung für ausländische Firmen

Sowohl auf deutscher als auch auf japanischer Seite gibt es sehr gute und kostenlose öffentliche Unterstützung für ein Auslandsengagement von Seiten der jeweiligen Regierungen. Es lohnt sich meist, dort zumindest einmal nachzufragen, ob und inwieweit man Ihrem Unternehmen helfen kann.

Auf deutscher Seite ist die **GTAI**, die „Germany Trade & Invest", die als deutsche Außenwirtschaftsagentur zuständig für Außenwirtschaft und Standortmarketing ist. Rechtlich in Form einer GmbH, untersteht sie praktisch jedoch dem Bundesministerium für Wirtschaft und Energie. Die Hauptaufgaben sind Exportförderung sowie Anwerbung und Beratung ausländischer Investoren. Hierzu führt sie auch Analysen ausländischer Märkte – und regelmäßig auch Japans – durch, erstellt Statistiken und teilweise auch sehr detaillierten Marktstudien. Diese können bei der Vorbereitung und Durchführung von Geschäften mit Japan sehr nützlich sein.

Das Pendant auf japanischer Seite ist die **JETRO**, die als Außenhandelsorganisation des Wirtschaftsministeriums fungiert. Sie unterstützt Unternehmen, die in Japan investieren, mit japanischen Unternehmen kooperieren oder nach Japan exportieren wollen. Sie erstellt sehr informative Markteintrittsinformationen (auch rechtlicher Art), Marktberichte, Statistiken und informiert über Wirtschaftstrends, Handel, Industrie und Technologie.

Darüber hinaus gibt es noch zwei weitere sehr hilfreiche Angebote:
Zum einen unterhält die JETRO auch zwei Büros in Deutschland (Berlin und Düsseldorf) sowie je eines in Österreich (Wien) und der Schweiz (Genf), die interessierten Unternehmen mit zahlreichen Broschüren und vor allem Ratschlägen in deutscher Sprache weiterhelfen. Regelmäßig führen diese Büros auch Veranstaltungen durch. Ein kostenloser Newsletter informiert über Neuigkeiten.

In Japan vor Ort unterhält die JETRO in den Großstädten Tokyo, Yokohama, Nagoya, Osaka, Kobe und Fukuoka sogenannte Invest Business Support Centers (IBSCs), in denen ausländischen Unternehmen für eine begrenzte Zeit kostenfrei Büroräume zur Verfügung gestellt werden können, wenn sie bestimmte Bedingungen erfüllen. Die Zentren sind als „one-stop office" konzipiert. Neben der Büro-Einrichtung findet man hier auch professionelle, kostenlose und vor allem individuelle Beratung und erhält Informationen zur Geschäftstätigkeit in Japan (Marktstudien, Vermittlungshilfe, Geschäftsberatung usw.).

Zwischen 2003 und 2015 unterstützte die JETRO weltweit mehr als 12.000 potentielle Investoren bei ihren Markteintrittsüberlegungen, aus denen rund 1.250 Firmengründungen resultierten. Darunter waren 107 deutsche Unternehmen.

In Tokyo gibt es zusätzlich innerhalb des IBSC ein „Tokyo One-Stop Business Establishment Center", das bei den formalen Schritten einer Geschäftsgründung hilft: Firmenregistrierung, Steuern, Sozialversicherung, Visa-Angelegenheiten, Ausfüllen der Anträge usw.

Auf politischer Ebene agiert in Deutschland noch die sogenannte Japaninitiative der Deutschen Wirtschaft, die als Interessenvertreterin der deutschen Wirtschaft Ansprechpartner der Bundesregierung und der Politik für die Umsetzung des Japan-konzeptes ist.

Schließlich gibt es vor Ort in Japan auch die Außenhandelskammer (AHK), die ihre Mitglieder berät, aber auch Veranstaltungen durchführt, die häufig auch offen für Nicht-Mitglieder sind.

2.4.   Japan im Wandel ? – Chancen für ausländische Unternehmen

Vergleicht man einen „Japan-Knigge" von vor rund 20 Jahren mit einem von heute, könnte man verwundert feststellen, dass sich wesentliche Elemente der Gepflogenheiten nicht verändert zu haben scheinen. Daher wurden bei der Erstellung dieses Ratgebers zahlreiche Experten (Japaner und Nicht-Japaner) interviewt, um die hier genannten Ratschläge auf eine möglichst breite Erfahrungsbasis zu stellen. Alle Beteiligten wurden dabei auch gebeten, das heutige Japan mit dem von vor 15 bis 20 Jahren zu vergleichen. Darüber hinaus werden in diesem Kapitel auch die Ergebnisse einer Untersuchung der Außenhandelskammer in Japan zum Geschäftsklima 2016 in Japan aus Sicht von rund 100 deutscher Unternehmen vorgestellt.

Jeder, der ein Land sehr gut kennt, nimmt den Wandel oder die Veränderungen dort meist viel gradueller wahr als jemand, der nur sporadisch mit dem Land zu tun hat. Unter den befragten Experten herrschte daher oft die Meinung, dass es in Japan eigentlich weniger Wandel als vielmehr Nicht-Wandel gegeben habe.
In der Tat gibt es zahlreiche Beispiele, in denen Japan sich in den letzten 20 Jahren erstaunlich wenig verändert hat. Dies sind zum Teil sehr positive Aspekte wie vor allem das häufig genannte „Sicherheitsgefühl". Jeder einzelne konnte sofort Beispiele nennen, in dem ihm oder ihr das aufgefallen war: sei es, dass man sich überall zu jeder Tageszeit problem- und gefahrlos auch allein bewegen kann, dass es so gut wie keine Diebstähle gibt und ähnliches.

Unternehmen schätzen diese und ähnliche Aspekte des „Nicht-Wandels" in Japan bei ihrer Geschäftstätigkeit: Als Vorteile, in Japan aktiv zu sein, nannten die von der AHK befragten Unternehmen 2016: Stabilität und Zuverlässigkeit von Geschäftsbeziehungen mit dem sagenhaften Anteil von 85 Prozent aller Nennungen sowie auch die hoch qualifizierten Arbeitnehmer (76%) und die Stabilität der Wirtschaft (75%). Auch die hoch entwickelte Infrastruktur (71%), Sicherheit und soziale Stabilität (67%) werden von mehr als zwei Dritteln der Befragten genannt, dicht gefolgt von einem „stabilen politischen Umfeld" (64%) und „Offenheit für Hi-Tech und Innovation" (59%).

In den letzten Jahren gibt es eine außergewöhnlich hohe Steigerung der Touristenzahlen nach Japan – die vornehmlich das Land auf eigene Faust erkunden. Wenn Japan sprachlich und kulturell so schwierig wäre, dann dürfte dies gar nicht so einfach möglich sein.

Gleichzeitig stellten alle befragten Interviewpartner fest, dass das Englisch ihrer Geschäftspartner – auch und vor allem bei den jungen Mitarbeitern – nicht besser geworden sei. Ein Interviewpartner proklamierte sogar deutlich: „JET wirkt nicht". JET (The Japan Exchange and Teaching Programme) ist ein Programm mehrerer japanischer Ministerien, mit dem Englisch-Muttersprachler auf lokaler Ebene in Japan Schülern Englisch beibringen sollen. Hintergrund war unter anderem die Art der Lehrweise an Schulen, an der auch der Sprachunterricht mehr durch Auswendiglernen von Formeln als durch Sprechen geprägt war. In den 30 Jahren seiner Existenz waren so über 60.000 Englischlehrer in Japan eingesetzt.

Von den Experten wurde auch vielfach die nach wie vor geringe Präsenz von Frauen in Top-Positionen als Beispiel für „Nicht-Wandel" bezeichnet. In der Tat ist Japan hier unter den Industrieländern besonders schlecht aufgestellt – allerdings direkt gefolgt von Deutschland. Und in der Tat lassen sich von Jahr zu Jahr nur wenig Verbesserungen feststellen. Wenn man allerdings die Situation heute mit der von vor 20 Jahren vergleicht, so sieht man durchaus positive Beispiele (siehe hierzu auch im Detail Kapitel 4.3). Immerhin sieht man heute Frauen in Top-Positionen: Die Europachefin des Spezialhandelshauses Kanematsu ist eine Frau und Tokyo hat eine Bürgermeisterin. Auch das Bild im Fernsehen hat sich deutlich geändert: kochende Männer in TV-Werbeclips wären noch vor nicht allzu langer Zeit undenkbar gewesen!

Auch strukturell hat es objektiv mehrere große Veränderungen in Japan gegeben: Japanische Großunternehmen haben sich stark verändert – Unternehmenskonglomerate (*Keiretsu*) und vor allem ihre angeschlossenen Generalhandelshäuser haben stark an Einfluss verloren. Der Kostendruck ist auch in Japan trotz nach wie vor hoher Anforderungen an Qualität und Service zu spüren, und so ist es heute viel einfacher möglich, direkt Geschäfte zu machen, ohne Einbindung von Handelshäusern oder anderen Mittlern. Auch die Digitalisierung fördert die Eigenständigkeit und Unabhängigkeit vor allem kleinerer japanischer Unternehmen hin zu einem eigenen Vertrieb unter Auslassung von Handelshäusern.

Auf der anderen Seite zeigen sich auch in diesem Wandel wieder Aspekte des „Nicht-Wandels": Die internen Strukturen in japanischen Unternehmen hinsichtlich ihrer Regeln, was Hierarchien, Visitenkarten, Senioritätsprinzip usw. betrifft, sind nach wie vor traditionell zu nennen. Darüber sollte man sich auch nicht wegen der zum Teil etwas lockereren Kleidung an bestimmten Tagen (Stichwort „Casual Friday" oder „Cool Biz" im Sommer zur Vermeidung von zu hohen Klimaanlagennutzung) täuschen lassen. Dies erklärt unter anderem, warum ein Japan-Knigge von vor 20 Jahren noch immer in vielen Aspekten aktuell und korrekt ist.

Nr. 5   Praxisbeispiel – Wandel und Nicht-Wandel in Japan: Ikea

Als kleines konkretes Beispiel veränderter Strukturen kann die schwedische Möbelkette Ikea dienen. In einem Land, in dem Service groß geschrieben wird und wurde und sich der Kunde mit so profanen Aktivitäten wie dem Aufbau seiner Produkte traditionell nicht einmal im Geiste beschäftigte, hat das Unternehmen heute neun Niederlassungen! Die Filiale in Funabashi bei Tokyo gehört mit einer Fläche von 40.000 Quadratmetern zu den größten weltweit.

Und auch wenn das Angebot an den japanischen Markt und vor allem seine anspruchsvollen Kunden angepaßt ist (ein extrem wichtiger Aspekt – siehe auch das Kapitel Marketing 4.4), ist es eine Entwicklung, die vor 20 Jahren niemand für möglich gehalten hätte! 1996 war das Möbelhaus – wie auch andere Global Player – noch grandios in Japan gescheitert.

Gleichzeitig rekrutiert Ikea seine Mitarbeiter aber ganz traditionell nach japanischer Methode.

Wandel ist eher in einer schärferen Trennung zwischen Privat- und Berufsleben zu finden. Noch vor 20 bis 30 Jahren war es selbstverständlich, die Firma über alles, auch über das Privatleben zu stellen. Auch heute noch sind Japaner – dies sollte man nie unterschätzen – ihrer Firma gegenüber sehr loyal und leisten einen außergewöhnlich hohen zeitlichen Arbeitseinsatz. Allerdings achten junge Japaner heutzutage mehr auf eine „Work-Life-Balance" als früher, und einige Interviewpartner äußerten sehr deutlich, dass Vorgesetzte teilweise das Problem hätten, nicht mehr so viel Druck auf ihre Mitarbeiter ausüben zu können wie früher, weil diese dann durchaus auch mit Kündigung reagieren würden. Eine der Ursachen dafür ist der demographische Wandel, der in Japan schon länger zu spüren ist. Japan hat eine so geringe Geburtenrate bei gleichzeitig kaum Einwandung, dass der Personalmangel in vielen Bereichen das größte Problem für Unternehmen darstellt.

Dies zeigt auch die Untersuchung der AHK bei den befragten Unternehmen: Auf die Frage, was die japanische Wirtschaft am meisten beeinflusst, antworteten die meisten (78%): Globalisierung, gefolgt von „Integration Asiens" (66%), Demographischer Wandel (65%) und Digitalisierung (54%). Der de fakto ebenfalls herrschende Ressourcenmangel war nicht einmal für die Hälfte der Befragten (41%) ein wichtiger Einflussfaktor.

Als wichtigste Herausforderungen Japans für die Zukunft sehen die befragten Unternehmen vor allem Personalprobleme (Anwerbung qualifizierter Arbeitskräfte, 78%) an – vor allem vor dem Hintergrund der Alterung der Bevölkerung und den wenigen jungen Beschäftigten. Das Wechselkursrisiko (56%) folgt auf Platz zwei, ist aber schon weit abgeschlagen. Lohnkosten (34%), regulatorische Hürden (32%) und hohe Steuern (30%) spielen nur für rund ein Drittel der Unternehmen überhaupt eine wichtige Rolle.

3. Erfolgreich in Japan

Auch wenn Japan weit weg ist und die (Geschäfts)Kultur auf den ersten Blick fremd erscheint: Japan ist wie Deutschland, Österreich und die Schweiz ein hochentwickeltes Industrieland und gerade bei den grundlegenden Werten wie Zuverlässigkeit, Pünktlichkeit oder Ehrlichkeit findet sich viel Übereinstimmung. Doch auf dem Weg gibt es immer wieder Unterschiede, die man nicht auf den ersten, oft aber auf den zweiten Blick gut verstehen kann, wenn man die Hintergründe kennt. Toleranz und der Wille zu Kompromissen sind dabei genauso wichtig wie der „gesunde Menschenverstand", wenn man beurteilen möchte, ob man eine bestimmte Sache tun oder sagen kann oder nicht. Ein einfaches Beispiel hierfür: Viele haben gehört, dass man in Japan aufpassen muss, „sein Gesicht nicht zu verlieren". Dies klingt zunächst sehr mystisch, aber wenn man sich vor Augen führt, dass es vor allem darum geht, jemanden anderen – vor allem nicht in der Öffentlichkeit oder vor anderen Menschen – bloßzustellen, dann wird diese Redewendung einfacher verständlich, denn sie gilt ja so auch in unserem Kulturkreis.
Dennoch gibt es natürlich einige Regeln – wie in allen Ländern, die man berücksichtigen sollte, um im Geschäftsleben erfolgreich zu sein.

Die größten Unterschiede werden im folgenden Abschnitt erläutert.

3.1. Regeln im japanischen Geschäftsleben von A-Z

Im Ausland grundsätzlich gibt es verschiedene Dinge im Geschäftsleben, die einfach anders als im Heimatland funktionieren. Dies sind oft Kleinigkeiten, die aber im Geschäftsleben sehr wichtig sein können und bei denen man sich sagt: „Wenn ich das nur vorher gewusst hätte, hätte ich viel Geld/Ärger gespart." Auf einige dieser Besonderheiten wird in der folgenden Aufzählung hingewiesen.

In Japan selbst sind Benimmregeln in der Öffentlichkeit und im Geschäftsleben noch wichtiger als der „Knigge" in Europa. Bei genauem Hinsehen wird man feststellen, dass viele dieser Regeln vor allem dem friedlichen und reibungslosen Zusammenleben in einem so dicht bevölkerten Raum dienen und den grundlegenden Regeln in Europa gleich sind – allerdings werden sie deutlich konsequenter gelebt. Ein gutes Beispiel hierfür ist die Verkehrsrichtung. In Deutschland herrscht

Rechtsverkehr auch für Fußgänger, aber immer wieder wird man im Alltag feststellen, dass Menschen in U-Bahnen oder anderen belebten Orten kreuz- und quer laufen. Dadurch entstehen viele Staus. In Japan aber laufen alle Menschen auf einer Seite hin und auf der anderen Seite zurück. So kommt es, dass sehr viel mehr Menschen in Japan viel schneller in die U-Bahn hinein- und auch wieder herauskommen als beispielsweise in Deutschland.

Ein anderes Beispiel ist das Telefonieren oder laute Sprechen in der Öffentlichkeit. Auch wenn es Schilder in Deutschland in den Verkehrsmitteln gibt, die darum bitten, dies nicht zu tun – es hält sich kaum jemand daran. Jeder ist sich selbst der Wichtigste und redet in der Lautstärke, die er gerade für angemessen hält. In Japan hält sich jeder an das Klingel- und Telefonierverbot in Bussen und Bahnen; Gespräche werden leise geführt. Das reduziert auch in vollen Bahnen den Stresspegel enorm.

Viele andere Regeln sind ebenfalls sehr ähnlich trotz unterschiedlicher Kulturen – der gesunde Menschenverstand hilft dabei sehr.

Daneben gibt es andere Regeln – viele Leser haben sicherlich schon von der Sitte von extra Schuhen auf dem WC in Japan gehört – die Europäern fremd sind. Aber gerade hier gilt: solche Regeln sind fast immer gut (und auf Englisch) erläutert, und außerdem zeigen Japaner sehr viel Toleranz gegenüber Ausländern.

Es kommt schließlich auch nicht darauf an, japanischer als die Japaner selbst sein zu wollen und diese perfekt nachzuahmen. Man wird ohnehin als (westlicher!) Ausländer wahrgenommen und als solcher respektiert und geschätzt. Selbstverständlich wird es aber positiv aufgenommen, wenn man durch kleine Gesten, zum Beispiel eine Begrüßung auf Japanisch, Interesse für die japanische Kultur zeigt. Besonders gute Gelegenheit zu interessierten Fragen und Lob auf die japanische Küche hat man beim Essen.

Die wichtigsten Do´s und Dont´s im Geschäftsleben sind in der folgenden Übersicht dargestellt und werden in den folgenden Einträgen alphabetisch ausführlich darge-stellt.

Do´s	Dont´s
Handynutzung Handy immer auf „silent mode" (japanisch: *manner mode*) stellen, insbesondere im Zug	Handynutzung: Telefonieren im Zug ist verpönt. Wenn es einmal klingelt, ist es eine sehr peinliche Angelegenheit (dann an einen menschenleeren Ort/Vorraum gehen)
Anrede: Japaner immer mit Nachnamen anreden	Anrede: Einen japanischen Geschäftspartner, speziell jemanden der älter ist als Sie, mit dem Vornamen anreden
Japanische Geschäftspartner mit vielen Details versorgen	Einem Japaner in der Öffentlichkeit zu widersprechen, ist sehr beleidigend (Gesicht verlieren)
Am Anfang eines Gespräches immer mit Small Talk beginnen	Gespräche über Politik und Religion
Ernsthaftigkeit der Anstrengung honorieren, nicht das Ergebnis	Rauchen auf Straße (ist sogar gesetzlich verboten)
Kommunikation/Sprache: „Ja" hat viele Bedeutungen – deuten Sie ein „Ja" im Zweifelsfall als „ich habe Sie akustisch verstanden"	Kommunikation/Sprache: Vermeiden Sie Ironie und Witz (sprachlich und kulturell schwierig) und vermeiden Sie „Oder"-Fragen!
Berücksichtigen Sie die japanische Arbeitsweise von Seniorität, Rang/Status, Konsensentscheidungen, Harmonie usw.	Körperkontakt – außer eventuell Händeschütteln – sollte man auf jeden Fall vermeiden, dieser wird als zudringlich empfunden
Zeigen Sie innerhalb Ihres Unternehmens ein homogenes Auftreten, eine geschlossene Front	Geben Sie Ihrem japanischen Geschäftspartner nicht zu viele Ansprechpartner in Ihrem Unternehmen (besser: eine Person, die alles weiterleitet)
Geschenke: In Japan gilt besonders: Geschenke erhalten die Freundschaft!	Geschenke: Schwarzes Geschenkpapier auswählen, da die Farbe Schwarz Unglück symbolisiert. Keine Geschenke mitbringen, die die Zahl/Anzahl vier (assoziiert mit dem Tod) beinhalten

Anrede

Japaner reden einander (und auch Sie!) immer mit dem Nachnamen an. Die Anrede mit Vornamen im Geschäftsleben ist absolut unüblich. Dennoch kann dies vorkommen, wenn Ihr Gesprächspartner beispielsweise sehr gut Englisch spricht und viel mit Amerikanern zu tun hat. Aber auch wenn man es Ihnen anbietet: Wohler fühlt sich jeder Japaner immer mit Nachnamen!

Dies zeigt folgendes Beispiel: In einem Team aus Amerikanern, Japanern und Deutschen fragten die Amerikaner recht schnell die anderen Anwesenden „can I call you (Vorname)?". Aus Höflichkeit lehnten die Japaner dies nicht ab. Ein Japaner kannte einen der anwesenden Deutschen bereits viele Jahre, sie hatten hohen Respekt voreinander und arbeiteten immer gut zusammen. Am Ende des Meetings ging also der Japaner zu dem Deutschen hin und fragte ihn: „Aber wir können uns doch weiterhin beim Nachnamen nennen, nicht wahr?"

Im Japanischen werden Eigennamen typischerweise in der Reihenfolge Nachname-Vorname genannt und geschrieben. Jemand, der sich als „Nakamura, Masataka" vorstellt, heißt also mit Nachnamen Nakamura und mit Vornamen Masataka. Auf Visitenkarten ist es heutzutage meist so, dass die japanischsprachige Seite dieser Reihenfolge folgt – dies sind meist zwei Schriftzeichen (Kanji) für den Nach- und zwei für den Vornamen hintereinander ohne Leerzeichen geschrieben. Auf der englisch-sprachigen Seite, die die meisten Japaner heutzutage haben, wird demgegenüber dann oft die westliche Reihenfolge gewählt. Wenn Sie im Zweifel sind, welcher der Ihnen vermutlich unbekannten Namen nun Vor- und Nachname ist – fragen Sie! Ihr Gegenüber wird sich freuen, dies zu erklären – und schon hat man auch ein sehr schönes Thema für Smalltalk!

Als Hilfe für Ausländer schreiben Japaner teilweise – in E-Mails oder auf der Visiten-karte – ihre Nachnamen auch in Großbuchstaben oder setzen (vor allem in E-Mails) ein „Mr." beziehungsweise „Mrs." vor ihren Namen, damit man auch ohne Japa-nischkenntnisse weiß, ob es sich um einen Mann oder Frau als Absender handelt. Dies ist übrigens auch umgekehrt für Japaner bei europäischen Vornamen nicht immer einfach zu erkennen – es wäre also eventuell eine schöne Geste auch Ihrerseits.

Begrüßung

Japaner begrüßen sich üblicherweise mit einer Verbeugung (siehe dort), nicht per Handschlag und schon gar nicht mit „Küsschen" auf die Wange. Körperkontakt in der Öffentlichkeit ist insgesamt verpönt. Im Umgang mit Ausländern aber versuchen sich Japaner oft, diesen Sitten anzupassen. Seien Sie daher bei einem ersten Treffen etwas zurückhaltend und schauen Sie, wie sich Ihr Gegenüber verhält. Reicht er Ihnen die Hand, geben Sie sie ruhig auch. Verbeugt er sich, deuten Sie ruhig eine kleine Verbeugung an – auch wenn die Neigung der Verbeugung vielleicht laut „japanischem Knigge" nicht die absolut korrekte ist: Sie zeigen damit auch Respekt und man wird Sie ob dieser Geste noch mehr schätzen!
→ Siehe auch: Verbeugung

Besprechungen

Ganz allgemein kann man sagen, dass Besprechungen (Meetings) zwischen zwei Geschäftspartnern in Europa der inhaltlichen Klärung dienen, während das Ziel in Japan eher die Stärkung der Beziehung ist. Dieser grundlegende Unterschied führt oft zu Missverständnissen bei europäischen Managern.
→ Siehe ausführlich im Kapitel 3.4

E-Mail

Im japanischen Geschäftsleben sind E-Mails eine Selbstverständlichkeit, und oft tun sich japanische Mitarbeiter auch schwer, mündlich auf Englisch zu kommunizieren. Sie bevorzugen daher gerade im Umgang mit ausländischen Geschäftspartnern eher E-Mail als Telefonate (siehe auch Telefonat). Dabei sind Japaner fast immer äußerst gewissenhaft und schnell bei der Beantwortung von E-Mails. Dies bedeutet für die Empfänger ein sehr angenehmes Arbeiten, heißt aber auch, dass die japanische Seite umgekehrt das gleiche Verhalten von Ihnen erwartet. Wichtig ist ebenfalls, dass man die – meist sehr umfangreichen – Verteilerlisten ebenfalls bei der Antwort mit einbezieht. So fühlt sich jeder auf der japanischen Seite gut informiert.

Genauigkeit

Japaner sind in nahezu allen Lebensbereichen sehr genau, eher sogar penibel. Uhrzeiten werden genau eingehalten, Inhalte von Beschreibungen sind ausführlich (aus deutscher/europäischer Sicht zu ausführlich) und sehr exakt. Auch hier gilt wieder: Dies wird auch umgekehrt erwartet.

Geschäftsessen

Gemeinsame Essen sind in Japan sehr wichtig – ähnlich wie in Frankreich beispielsweise. Sie finden meist abends statt – „Business Lunches" zur Mittagszeit sind eher selten und mehr unter sehr gut bekannten Geschäftspartnern üblich.

Zwei Besonderheiten in Zusammenhang mit Geschäftsessen sollte man im Auge behalten: Zum einen ist es nicht üblich, dass an Geschäftsessen (oder sonstigen geschäftlichen Angelegenheiten) der Lebenspartner teilnimmt. Sollten Sie also in Begleitung reisen, stellen Sie sich darauf ein, dass der Partner fast die gesamte Zeit ein eigenes Programm haben sollte, da Japaner aus Höflichkeit dafür sorgen, die Geschäftspartner möglichst umfassend – auch zeitlich – einzubinden und zu betreuen. Zudem kann es durchaus passieren, dass man Sie nach einem Essen noch auffordert, mit in eine Karaoke-Bar oder in eine Kneipe zu gehen. Karaoke-Bars sind Bars, in denen zu Playbackmusik gesungen wird. Wahrscheinlich erwartet man von Ihnen, ein deutsches Lied vorzusingen, so dass es sich anbietet, auch hier vorbereitet zu sein. Karaoke-Bars sind nichts Anrüchiges, sondern eine sehr typische Freizeitbeschäftigung von Japanern. Da die Firmenbudgets für Bewirtung jedoch aufgrund der wirtschaftlichen Entwicklungen stark geschrumpft sind, passiert dies heutzutage nicht mehr so häufig.

Für Japaner ist es selbstverständlich, Sie als Gast in Japan einzuladen – umgekehrt sollten Sie es auch in Deutschland halten.

Anders als in westlichen Ländern brauchen Sie sich jedoch um die Dauer von Geschäftsessen keine Sorgen zu machen, da Geschäftsessen und Barbesuche – wie auch Besprechungen – stets einen Zwei-Stunden-Takt haben. Abendveranstaltungen, die später als 22/23 Uhr enden, sind sehr selten, da der öffentliche Nahverkehr nicht die ganze Nacht durchfährt. Auch wenn bei den Besuchen von Karaoke-Bars und bei Geschäftsessen keine Geschäftsangelegenheiten besprochen werden, dienen diese der Festigung der Geschäftsbeziehung und sollten daher möglichst wahrgenommen werden, wenn der japanische Partner dazu einlädt.

Eine Übersicht über die wichtigsten Regeln und Usancen bei Restaurantbesuchen (auch privat) zeigt Exkurs Nr. 7.

Nr. 7   Exkurs – Regeln bei japanischem Essen

Allgemein

- Tischmanieren sind wichtig, aber es herrscht große Toleranz gegenüber Ausländern
- Wasser oder grüner Tee ist immer kostenlos
- Kein Trinkgeld geben
- Bezahlung: An der Kasse, nicht am Tisch
- Stäbchen nie senkrecht in den Reis stecken
- Es gibt keine feste Speisenfolge, in der die Speisen gegessen werden müssen – meist werden Suppe, Gerichte etc. gleichzeitig serviert.
- Schlürfen ist erlaubt
- Sushi kann man auch mit Händen essen (viele Japaner tun dies auch). Für Japaner ist es eher ungewöhnlich, wenn ein Deutscher sagt, dass er Sushi mag – es ist also kein Problem, das nicht zu tun. Die japanische Küche ist sehr vielfältig, so dass für jeden Geschmack etwas dabei ist – roher Fisch bei Sushi oder Sashimi ist nur ein kleiner Ausschnitt der japanischen Küche.

Geschäftsessen

- Rang/Hierarchie/Status   etc. spielen auch bei Geschäftsessen eine wichtige Rolle: Der Ranghöchste (nicht die Dame) wird zuerst bedient, ihm obliegt normalerweise auch die Auswahl der Speisen (ausländische Gäste wird man jedoch meist fragen, was sie essen wollen)
- Die Sitzordnung bei Geschäftsessen entspricht den Regeln bei Besprechungen
- Themen: allgemeine oder auch private Dinge, keine Vertragsangelegenheiten. Geeignete Themen sind die Familie, Hobbies, erste Erfahrungen in Japan (idealerweise positiv – das schafft eine gute Atmosphäre), Erzählungen aus der Heimatstadt, Sport usw.
- Essen dauern üblicherweise genau 2 Stunden
- Höflicherweise schenkt man seinem Tischnachbarn ein bzw. nach (und er Ihnen) – „Zuwiderhandlung" hierbei ist überhaupt nicht schlimm, aber wenn Sie sich dieser Sitte anschließen, lockert es die Stimmung und dient einer guten Beziehungspflege

Geschenke

Sowohl beim Erstbesuch eines japanischen Unternehmens als auch zwischendurch zur Pflege der Geschäftsbeziehungen ist es ratsam, Geschenke (*omiyage*) mitzunehmen bzw. zu überreichen. Die Geschenkekultur ist sehr wichtig generell in Japan, wobei es dabei vor allem um das Symbol (und den Wert des Geschenkes) geht, weniger um den Inhalt. Mit der Übergabe eines Geschenkes erweist man Respekt und Aufmerksamkeit.

Es ist beispielsweise üblich, dass japanische Arbeitnehmer, auch wenn sie auf einer weiten Geschäftsreise sind, für die Kollegen Geschenke mitbringen. Familien, die verreisen, bringen allen Nachbarn etwas mit usw. Diese Sitte ist insbesondere bei den Läden an Sehenswürdigkeiten und vor allem auf Flughäfen sehr gut zu beobachten. Säuberlich eingeteilt in Geschenke von mehreren Preisklassen (meist beginnend bei 500 oder 1.000 Yen, also rund vier bis acht Euro, dann in 1.000er Schritten nach oben), bereits eingepackt in schönes Geschenkpapier, kann der Reisende ganz praktisch für die einzelnen „Kategorien" der Beschenkten schnell ein Geschenk auswählen und hat seine Pflicht getan. Fast immer handelt es sich dabei um Lebensmittel beziehungsweise Süßigkeiten, die die kleinen Wohnungen der Beschenkten nicht unnötig füllen und auch die Verlegenheit ersparen, die Geschenke auslegen zu müssen. Darüber hinaus gibt es in Japan feste Zeiten, zu denen Geschenke verteilt werden (Ende Juni – o*chugen* – Summer Gift Season), *oseibo* (Ende Dezember).

Für einen Geschäftsbesuch empfiehlt sich, möglichst typische Produkte des Heimatlandes zu wählen. Diese haben ohnehin einen guten Ruf in Japan. Besonders bieten sich an: Schokolade, Konditoreiprodukte, Bildbände (z.B. von der Stadt, in dem Ihr Unternehmen seinen Sitz hat), aber auch hochwertige Kugelschreiber, Werbepräsente mit Unternehmenslogo.

Geschenke beruhen immer auf Gegenseitigkeit; man sollte also aufpassen, wem man was schenkt bzw. von wem man was erhalten hat (auch der Wert ist wichtig).

Ganz wichtig ist: Geschenke müssen immer – dekorativ – verpackt sein. Wenn dies nicht möglich ist, dann sollte dies unbedingt in Japan vor Ort nachgeholt werden!

Üblicherweise wird das Geschenk am Ende des Treffens übergeben; die wichtigste Person erhält auch das wichtigste/teuerste Geschenk. Idealerweise erhält jeder in der Delegation ein Geschenk (ein weiterer Grund, sich die Namen der Personen geben zu lassen, die man in Japan treffen wird). Überreichen Sie Geschenke mit beiden Händen und sagen Sie bei der Übergabe: „Es ist nur eine Kleinigkeit", auch wenn es wirklich etwas Besonderes ist. Ansonsten beschämt man den Beschenkten und bringt ihn in Zugzwang.

Noch immer werden Geschenke meist nicht in Gegenwart den Schenkenden geöffnet. Dennoch bietet es sich an, ein außergewöhnliches Geschenk mit einer Erläuterung zu übergeben (Beispiel: „Dies sind handgefertigte Pralinen aus einer Konditorei unserer Stadt xy").

Wenn man die gleichen Geschäftspartner regelmäßig besucht, muss man nicht ständig Geschenke mitbringen, und sie müssen auch nicht jedes Mal sehr wertvoll oder originell sein. Aber ab und an ist es für die Pflege der Beziehung sehr sinnvoll.

Gesellschaftliche Anlässe

Bei normalen Geschäftskontakten in Japan ist es unüblich, zu gesellschaftlichen Anlässen eingeladen zu werden. Zu privaten Feiern oder gar nach Hause zu einem Japaner eingeladen zu werden, passiert quasi nie. Zu einem offiziellen Firmenanlass (Einweihung eines Gebäudes oder ähnliches) kann es schon eher sein. Bei solchen Anlässen gelten die gleichen Regeln wie in Europa. Berücksichtigen sollte man, dass immer nur die Person eingeladen ist, die explizit auf dem Schreiben steht. Wenn also ein privater Partner mitreist, ist dieser üblicherweise nicht eingeladen.

Indirektheit

→ siehe „Kommunikation"

Kleidung

Im Geschäftsleben ist formale Kleidung nach wie vor sehr wichtig, wenn es auch nicht mehr ausschließlich Anzug und Krawatte ist. Viele Unternehmen haben mittlerweile einen „Casual Friday" eingerichtet und im Sommer wird oft Energie gespart und die Klimaanlagen nicht ganz so kühl gestellt. Um das zu ertragen, dürfen die Mitarbeiter dann auch in kurzärmligen Hemden oder ohne Krawatte kommen. Bei ausländischen (vor allem ersten) Geschäftsbesuchen aber herrscht überwiegend noch dunkler Anzug mit Krawatte vor. Um ernst genommen zu werden, sollte man sich auch als Besucher an diese Gepflogenheiten halten. Lebhafte Farben werden nicht gern gesehen. Als Geschäftsfrau sind Kostüm oder Hosenanzug Standard, und –

auch im Sommer – immer mit Strumpfhose. Lediglich in Kreativbranchen oder Start-Ups wird man eine etwas lässigere Kleiderordnung vorfinden.

Kommunikation

→ Siehe auch das Kapitel 6.1 zur japanischen Sprache.

Einer der Aspekte, die am schwierigsten für Europäer zu verstehen sind, ist die indirekte Kommunikation. Dies wird als höflicher empfunden als zu direkte Aussagen. Dieses Bestreben der Erhaltung der Harmonie in einer Kommunikation führt auch dazu, dass es Japanern schwer fällt, direkt „nein" zu sagen.

Japaner sind natürlich in der Lage, eine Verneinung auszudrücken, aber sie tun es nicht direkt mit dem Wort „Nein" (*„iie"* auf Japanisch). Dies wird als sehr unhöflich und abrupt empfunden. Wenn sie etwas ablehnen möchten, sagen sie daher eher Sätze wie „das ist schwierig", „eventuell", „wir versuchen es", „Ach ja, das ist ja interessant. Wir werden darüber nachdenken", „Ich werde mein Bestes tun" oder „wir werden das analysieren". Auch Ausdrücke, wie ein langgezogener Laut oder in den Nacken gelegte Hände deuten i.d.R. auf Unstimmigkeiten hin.

Wichtig ist es, hier besonders aufmerksam zu sein und solchen Hinweisen besondere Beachtung zu schenken. Umgekehrt sind wir es gewohnt, bei Zustimmung einen langgezogenen „mmh"-Laut von uns zu geben, der von den Japanern eher als Ablehnung bzw. Infragestellen aufgefasst werden kann. Versuchen Sie, bei Zustimmung möglichst einen kurzen Laut von sich zu geben.

Auch ein „Ja" sollte im richtigen Kontext verstanden werden.

Wenn ein Japaner sagt „ja, das machen wir", dann meint er dies tatsächlich als Zustimmung. Die vielfach in Gespräche eingebauten „ja, ja" (*hai*) hingegen dienen eher der Bestätigung des Sprechenden, dass man ihm noch zuhört. „Ja" heißt also nicht unbedingt, dass Ihr Gegenüber a) verstanden hat, was Sie gesagt haben oder b) einverstanden sind, mit dem, was Sie gesagt haben. Es bedeutet lediglich, dass er wahrgenommen hat, dass Sie etwas gesagt haben.

Der umgekehrte Fall ist für Ausländer fast schwieriger: Vielfach ist man gewöhnt, wenn man sich fast sicher ist, aber eben nicht 100 Prozent, zu sagen: „Eventuell…" (oder ähnliches). Dies wird im japanischen Kontext automatisch als Ablehnung verstanden!

Nr. 8   Praxisbeispiel – "Ja" oder wirklich verstanden?

Gerade weil die Kommunikation zwischen Japanern und Deutschen/Österreichern/Schweizern überwiegend auf Englisch erfolgt, diese Sprache aber für beide Seiten eine Fremdsprache ist, entstehen Missverständnisse, die zunächst gar nicht erkennbar sind. Dies können ganz simple Dinge sein, beispielsweise weil eine Vokabel sich ähnlich anhört, aber in beiden Ausgangssprachen etwas völlig anderes meint (Beispiel: auch im Japanischen gibt es das Wort „Arbeit" - *arubaito* ausgesprochen. Es bedeutet jedoch „jobben", also keine Angestelltentätigkeit.) Wenn man das nicht weiß, versteht jeder Gesprächspartner nur seine Interpretation des Wortes, aber nicht die des Gegenübers. Dieses simple Beispiel soll lediglich verdeutlichen, dass es auch in Ihrem Bereich, Ihrer Branche mit Sicherheit ähnliche Momente geben wird.

Oft verwirrt es zusätzlich, dass Japaner beim Zuhören dazu tendieren, permanent „Ja, ja" (*hai hai* auf Japanisch) zu sagen. Vergegenwärtigen Sie sich bitte immer wieder: Ein Ja von einem Japaner bedeutet lediglich für Sie, dass er zeigt, dass er etwas akustisch von Ihnen wahrnimmt. Es bedeutet noch lange nicht, dass er es inhaltlich versteht und noch weniger, dass er damit einverstanden ist!!

Ein simpler praktischer Trick kann auch hier helfen: bitten Sie bei wichtigen Themen immer mal wieder Ihr Gegenüber darum, die Situation/Aufgabe/Thema mit seinen eigenen Worten zusammenzufassen (oder tun Sie dies umgekehrt). Auch wenn das Englisch nicht so gut ist – eigene Worte sind viel hilfreicher als das Ablesen eines Manuals oder Vertragstextes. Dabei zeigt sich sehr schnell, ob man das gleiche Verständnis von einer Sache hat!

Auch hier gilt, dass es nicht nötig ist, japanischer als die Japaner selbst zu sein. Das heißt, man sollte die Unterschiede bei der Kommunikation zwar kennen und ansatzweise deuten können, aber Sie müssen diese nicht nachahmen. Vielmehr ist wichtig, dass Sie in Gesprächen eventuell einflechten, dass dieser oder jener Ausdruck im Deutschen ganz anders gemeint ist. Zum Beispiel bedeutet im die Aussage „Ich denke darüber nach/das werde ich prüfen/ich bemühe mich" meist eine Ablehnung, während es im Deutschen überwiegend das bedeutet, was der Satz sagt. Schwierig (und nicht unbedingt nötig) wird es sein, sich solche Sätze abzugewöhnen. Ergänzen

Sie daher, wenn Ihnen nach einem solchen Satz auffällt, dass Ihr Gesprächspartner etwas konsterniert aussieht, dass dies im Deutschen – und auch von Ihnen – anders gemeint ist!

Tipp – Eine Aussage gewichten:

Wenn Sie – in welche Richtung auch immer – eine nicht 100prozentige Aussage treffen wollen, dann drücken Sie es in Prozent aus: Wenn Sie sagen „Ich bin mir zu 95% sicher, dass wir bis zum Datum xy liefern können", dann versteht es ein Japaner auch. Umgekehrt lassen Sie sich im Zweifel, ob ein Japaner nun „ja", „nein" oder „vielleicht" meint, auch eine Prozentzahl geben. So kann man wirklich gravierende Missverständnisse vermeiden!

In Japan gehört es zum höflichen Ton, sich des Öfteren zu entschuldigen, obwohl es nach westlichen Empfinden keinen Grund dafür gibt. Häufig werden Sätze mit einem „Entschuldigung" (*sumimasen*) eingeleitet, bevor man zum Thema kommt oder sich für eine Verspätung entschuldigt, auch wenn es noch innerhalb des vereinbarten Zeitraumes ist.

Kritik und Fluchen sind in Japan tabu. Vor allem Kritik ist ein sehr sensibler Punkt, da Japaner auch inhaltliche Kritik (z.B. an einem Produkt) persönlich nehmen (dies sollte auch bei Mitarbeiter-/Kollegengesprächen berücksichtigt werden).

Mimik: Zu den Besonderheiten der Japaner zählt, dass sie sehr häufig lächeln. Dies bedeutet aber nicht, dass sie immer glücklich sind, sondern kann dazu dienen, Unbehagen zu überspielen oder nicht bekannte Gefühle zu verbergen. Es ist schwierig, dieses Lächeln zu deuten. Hat man jedoch den Anschein, Verlegenheit zu verspüren, sollte man nicht bei dem Thema verharren. Kontinuierlicher und direkter Blickkontakt ist eher selten und gilt gegenüber dem Vorgesetzen ungezogen oder kann sogar als Provokation verstanden werden.

Unter Mitarbeit von Karin Funke-Rapp

Line

Auch Japaner nutzen Smartphones und diverse Apps sehr intensiv – die Mobilfunk-penetration in der Bevölkerung ist vergleichbar mit der in Deutschland. Messenger-dienste sind ebenfalls sehr verbreitet. Tatsächlich hat in Japan sogar weit vor dem I-Phone schon 1999 die mobile Internetrevolution mit dem „I-Mode" begonnen. Während in Deutschland, Österreich und der Schweiz „WhatsApp" unangefochtener Marktführer ist, ist es in Japan der Service „Line", der auf 80 Prozent aller Androidgeräte installiert ist. Damit versenden Nutzer Nachrichten und VoIP-Anrufe. Wenn Sie also mit Japanern in Messenger-Kontakt treten wollen, ist es ratsam, sich diesen Dienst einmal anzusehen.

Medien

Die Japaner leben in einer Informationsgesellschaft. Sie lieben es, Informationen zu sammeln und saugen diese regelrecht auf. Auch über Ihren Besuch und Ihr Unternehmen werden sie sich vorab gründlich informiert haben. Umgekehrt können Sie als westlicher Gesprächspartner sich sehr positiv positionieren, wenn Sie sich ebenfalls gut und ausführlich mit Japan und dem japanischen Partner beschäftigt haben. Japaner werten dies als Respekt, den sie sehr schätzen.

Dies spiegelt sich auch in der Presselandschaft wieder, die mit den weltweit höchsten Auflagen bei Tageszeitungen trumpfen kann. Im Jahr 2015 lag die Gesamtanzahl der Tageszeitungen bei rund 44 Millionen. Die drei größten japanischen Tageszeitungen sind auch weltweit die Zeitungen mit den höchsten Auflagen. Hierzu zählen: Yomiuri Shimbun, Asahi Shimbun und Mainichi Shimbun, die gemeinsam bereits eine Auflage von rund 20 Millionen Exemplaren täglich haben.

Im Wirtschaftsbereich ist die Nikkei (Nihon Keizai Shimbun) die Wirtschaftszeitung mit der weltweit höchsten Auflage von rund drei Millionen täglich. Generell geht auch in Japan der Trend zum Online-Lesen, und auch im Social-Media-Bereich sind Zeitungen immer stärker mit einem eigenen Auftritt vertreten.

Eine Besonderheit der japanischen Medienlandschaft ist das System der Presseclubs (*kisha kurabu*), über die nach wie vor die politische und wirtschaftliche Bericht-erstattung mehr oder weniger kontrolliert wird. Von diesen Clubs gibt es über Hunderte im Land; sie sind direkt in den Gebäuden von Regierung, Parlament, Ministerien, Verbänden, Großindustrie und kaiserlichem Hof untergebracht und er-möglichen somit kurze Wege der Kommunikation miteinander. Nicht nur von Auslän-dern wird das System immer wieder kritisiert, da Informationen oftmals nur den

Mitgliedern vorab zugespielt werden und sich die Mitglieder zu stark an die Regeln und Abmachungen der Clubs zu halten haben, was einer kritischen Berichterstattung widerspricht. Es gibt zwar Tendenzen, dass dieses System aufweicht; dennoch hält es sich hartnäckig. Seit 1993 haben erstmalig auch Ausländer Zugang zu den Presseclubs. Wenn man als Großunternehmen langfristig und vor allem mit einer Niederlassung in Japan aktiv sein möchte, ist dies ein Bereich, mit dem man sich fachkundig auseinander setzen sollte.

Für kurze Aufenthalte und zur allgemeinen Information ist es hilfreich, dass es auch mehrere Zeitungen auf Englisch gibt. Hierzu gehören vor allem die renommierte Japan Times, aber auch Japan News, die zur Yomiuri Shimbun gehört.

Von Karin Funke-Rapp

Meeting
→ Siehe Besprechung

Namen
→ Siehe Anrede

Nase putzen
Befremdlich wirkt auf Europäer oft, dass Japaner, anstatt ein Taschentuch zu benutzen, die Nase hochziehen. Umgekehrt gilt es in Japan als unhöflich, sich in der Öffentlichkeit die Nase zu putzen. An solch einem „Knigge-Verstoß" scheitert sicherlich keine Geschäftsbeziehung, aber man kann doch versuchen, das Naseschnäuzen etwas abgeschirmt zu tun.

Nein
→ siehe Kommunikation

Orientierung
→ siehe auch Kapitel 5.3
In den Großstädten leben viele Japaner, die ausreichend Englisch sprechen, um zumindest grob den Weg oder die richtige Richtung zu erklären. Viele Taxi-Fahrer verstehen auch etwas Englisch, ebenso die Verkehrspolizisten in den kleinen Wachhäuschen (*koban*). Letztere sind sehr hilfsbereit, wenn es darum geht, einem

Ausländer den Weg zu erklären. Da viele Orts- und Straßenschilder auch englisch beschriftet sind, kann man sich allerdings ohnehin recht gut orientieren.

An den zahlreichen Informationsschaltern an öffentlichen Plätzen und in Bahnhöfen bekommt man auch kostenlos einfache Stadtpläne und U-Bahn-/Nahverkehrs-Pläne auf Englisch.

Pünktlichkeit

Pünktlichkeit ist in Japan einer der Grundpfeiler höflichen Benehmens. Pünktlichkeit bedeutet dabei weder „gegen xy Uhr" oder „akademisches Viertel", sondern ganz exakt die vereinbarte Uhrzeit. Es versteht sich von selbst, dass man bei schon geringfügigen Verspätungen auch Bescheid sagt. Züge fahren ebenfalls auf die Sekunde genau ab. Wenn man als Ausländer zu einer Besprechung zu spät kommt, wird man von den höflichen Japanern zwar trotzdem mit einem Lächeln begrüßt, muss aber auf der Respektskala sehr weit unten beginnen – eine Anstrengung, die man lieber auf inhaltliche Überzeugungsarbeit verwenden sollte.

Religion

Die vorherrschenden Religionsrichtungen in Japan sind der Shintoismus und der Buddhismus. Das grundlegende Charakteristikum ist das friedliche Nebeneinander nicht nur dieser beiden, sondern auch anderer Glaubensrichtungen, insbesondere des Christentums. Japaner nutzen die Religionen im Alltagsleben sehr pragmatisch – geheiratet wird shintoistisch (oder aus Kostengründen auch christlich), beerdigt buddhistisch. Christliche Weihnachtsdekoration hat genauso Einzug in Japan gehalten wie nach wie vor shintoistische Schreinfeste gefeiert werden. Als Ausländer bemerkt man die Auswirkungen von Religion nur wenig im Geschäftsleben; höchstens, wenn bei einer Firmeneinweihung ein shintoistischer Priester die Weihe vornimmt.

Seniorität

Das Senioritätsprinzip spielt in Japan sowohl gesellschaftlich als auch im Arbeitsleben traditionell eine dominierende Rolle. Vor allem in größeren Unternehmen gilt nach wie vor die Regel „je älter ein Arbeitnehmer, desto höher steht er auf der Karriereleiter". Für einen ausländischen Verhandlungspartner spielt dies eine Rolle, wenn man als recht junger Manager nach Japan geschickt wird und dem Gegenüber klarmachen möchte, dass man dennoch einen Rang bekleidet, in dem man bestimmte Entscheidungen treffen darf. Auch dies ist ein Grund dafür, warum die richtige Beschriftung der eigenen Visitenkarte (→ Visitenkarte) so wichtig ist.

Schuhe

Noch immer gibt es in Japan diverse Bereiche, in denen man seine Schuhe ausziehen muss, weswegen man an saubere und intakte Socken denken sollte. Dies gilt zwar kaum für Unternehmen, aber durchaus beispielsweise für Restaurantbesuche. In den WCs ist es auch häufig so, dass spezielle Schuhe für diesen Raum vor der Tür bereitgestellt werden. Hier wird erwartet, dass man seine eigenen Schuhe auszieht und diese – oft sehr farbenfrohen – Plastik-Schuhe nutzt. Beim Verlassen des WCs sollte man dann nicht vergessen, sie wieder zu tauschen.

Sitzordnung

Die Sitzordnung bei geschäftlichen Treffen sowie im Restaurant ist Japanern sehr wichtig und folgt festen Regeln. Details und Abbildung auf Seite 54.

Social Media in Japan

Auch in Japan sind "Social Media" wichtig – de fakto wird man in der U-Bahn 100 Prozent aller Fahrgäste entweder mit dem Handy beschäftigt oder schlafend antreffen. Während Deutschland jedoch fest in der Hand von WhatsApp und die USA in Facebook Messenger sind, ist Line unangefochtener Marktführer in Japan.

Sprache

Siehe auch Kapitel 6.1 mit Hintergrunddaten zur japanischen Sprache.

Bei einer normalen Geschäftsreise kommt man üblicherweise (im Hotel, Taxi, Flughafen etc.) auch mit Englisch problemlos durch. Die meisten wichtigen Informationen (Bahnhöfe und Züge, Hotels, Stadtpläne, sogar die Menükarten in Restaurants usw.) sind auch auf Englisch beschriftet. Für die Großstädte gilt dies nahezu flächendeckend, auf dem Land ist es etwas weniger. Landesweit sind aber auf allen Bahnhöfen alle relevanten Informationen auch auf Englisch ausgeschildert. Die Vielzahl der japanischsprachigen Durchsagen in den Zügen und auf Bahnhöfen sollte einen nicht nervös machen – dies sind fast immer nur Verhaltensvorschriften (nicht rauchen, Handy leise stellen, nichts im Zug vergessen usw.)

Gerade in Hinblick auf die Vorbereitung auf Olympia 2020 werden auch immer mehr Gebiete auf Englisch ausgeschildert. Auch ist die Zahl der Touristen, die nach Japan kommen, in den letzten Jahren sehr stark gestiegen, und so findet man nun auch viele ausländische Arbeitnehmer in Restaurants, in Geschäften und in Bereichen, die stark von Ausländern frequentiert werden (v.a. Telekomanbieter).

Small Talk/Gesprächsthemen

Wie auch in anderen Ländern ist es in Japan Sitte, am Anfang eines jeden Gespräches zunächst etwas Small Talk zu betreiben – viel mehr, als dies beispielsweise in Deutschland üblich ist. Auch hier gilt zunächst wieder die Regel, bei der Themenauswahl den gesunden Menschenverstand zu Rate zu ziehen. Dazu gehört unter anderem, sein Gegenüber nicht direkt mit kritischen Themen zu konfrontieren. Sinnvoll ist es, schon an dieser Stelle zu zeigen, dass man sich bereits mit dem Land auseinander gesetzt hat. Ein guter Eisbrecher ist zum Beispiel Essen (japanische Küche – nicht nur bei Frauen). Japaner freuen sich sehr, wenn Ausländer erzählen, dass sie japanische Küche mögen, sind aber nicht böse oder erstaunt, wenn man sagt, dass roher Fisch wie beim Sushi oder Sashimi schwierig ist. Beim Sport sollte man berücksichtigen, dass Baseball wichtiger als Fußball ist. Auch Olympia 2020 ist ein sehr ergiebiges Thema – allerorten sieht man schon in den ersten Stunden, die man in Tokyo verbringt, die erhöhte Bautätigkeit. Politik und Religion – wie bei fast allen Kulturen – sollte man dagegen eher nicht ansprechen.

Telefonat/Telefonkonferenz (Videokonferenz)

Wenige Japaner fühlen sich so selbstsicher, dass sie gern auf Englisch telefonieren. Daher wird es häufig passieren, dass man Ihnen statt eines Telefonates oder einer Telefon- bzw. Videokonferenz eher den Schriftverkehr anbietet. Wenn es um sehr wichtige Themen (oder entsprechend großvolumige Aufträge) geht, wird möglicherweise die japanische Seite einen Dolmetscher hinzuziehen.

Trinkgeld

Trinkgeld ist in Japan gänzlich unüblich. Egal ob Portier oder Zimmermädchen im Hotel, Taxifahrer oder Kellner: Man gibt kein Trinkgeld, und es wird auch keines erwartet.

Verbeugungen

Traditionell gibt man sich in Japan nicht die Hand, sondern verbeugt sich zur Begrüßung. Diese Sitte wirkt auf Ausländer oft etwas einschüchternd, weil sie nach außen unverständlich wirkt und man die Regeln nicht kennt. In der Tat ist die richtige Verbeugung zum richtigen Zeitpunkt bei der entsprechenden Person eines bestimmten Ranges eine sehr schwierige Angelegenheit, die auch Japaner erst mühsam erlernen. Das Verbeugen (*ojigi* auf Japanisch) ist ein wichtiges Element der japanischen Kultur und Protokolls. Hierbei wird sowohl der Rang als auch die Wertschätzung dem anderen gegenüber ausgedrückt. Eine Verbeugung kann Ausdruck einer Entschuldigung oder auch einer Bitte sein. Sie dient immer aber als Begrüßung und Verabschiedung. Die Tiefe der Verbeugung zeigt dabei immer den Rang beziehungsweise Status an – im Verhältnis zum aktuellen Gegenüber – an: je tiefer sich A vor B verbeugt, desto unwichtiger ist er in Bezug auf B. Bei der Begrüßung einer weiteren Person C kann das Verhältnis aber genau umgekehrt sein. Personen gleichen Ranges verbeugen sich gleich tief (siehe veranschaulicht auch Abbildung Nr. 9).

Nichtsdestotrotz gilt auch hier: Von Ihnen als Ausländer wird nie erwartet werden, dass Sie sich richtig verbeugen. Natürlich freuen sich Japaner, wenn ein Ausländer sich bemüht, japanische Sitten nachzuempfinden. Viele Japaner wissen jedoch, dass in anderen Ländern das Händeschütteln Sitte ist. Diejenigen, die mit ausländischen Geschäftspartnern zu tun haben, geben daher auch oft die Hand – das hängt jedoch von der Person ab. Oft kommt es auch zu Mischformen wie Verbeugen-Hände-schütteln-Verbeugen etc. Daher sollte man bei der Begrüßung einfach etwas abwarten (und Abstand wahren) und beobachten, welche Variante gewählt wird. Drücken Sie beim Handgeben nicht zu fest zu und wundern Sie sich nicht, wenn Ihr Gegenüber einen sehr weichen Händedruck hat – er hat das Handgeben genauso wenig gelernt wie Sie als Ausländer die Verbeugung!

Wichtig ist, dass Sie Japaner nicht berühren (kein Küsschen auf die Wange, kein Schulterklopfen!) außer beim eventuellen Handgeben.
Während der Begrüßung übergibt man in Japan traditionellerweise auch die Visiten-karte (d.h. üblicherweise nicht erst am Besprechungstisch!).

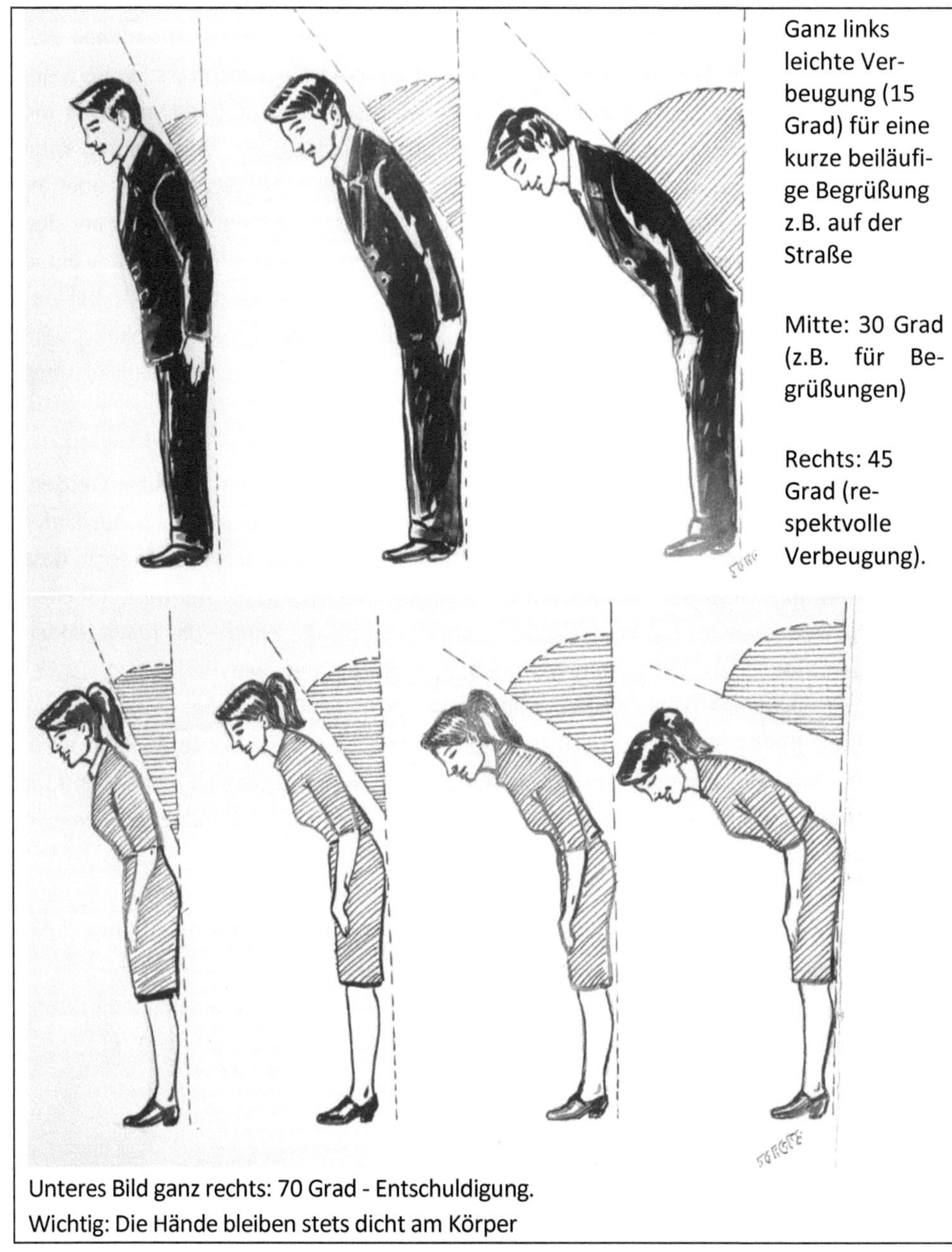

Ganz links leichte Verbeugung (15 Grad) für eine kurze beiläufige Begrüßung z.B. auf der Straße

Mitte: 30 Grad (z.B. für Begrüßungen)

Rechts: 45 Grad (respektvolle Verbeugung).

Unteres Bild ganz rechts: 70 Grad - Entschuldigung.

Wichtig: Die Hände bleiben stets dicht am Körper

Visitenkarten

Visitenkarten, auf Japanisch „*Meishi*" genannt, sind im japanischen Geschäftsleben außerordentlich wichtig. Sie geben Auskunft über die hierarchische Stellung im Unternehmen und für die Japaner untereinander zeigen sie auch die Schreibweise der Eigennamen, die im Japanischen vielen Ausnahmen unterliegen. Der Austausch der Visitenkarten kann schon fast als Zeremoniell bezeichnet werden, das sich lohnt, auch als Ausländer zu kennen und zu berücksichtigen.

Wichtig ist vor allem, dass man ausreichend Visitenkarten hat. Da in Japan zu Besprechungen nahezu immer mehr Teilnehmer kommen als angekündigt und auch eventuell mit zusätzlichen Meetings gerechnet werden sollte, sollte man mindestens doppelt bis dreimal so viele Karten mitnehmen wie man glaubt zu benötigen.

Ohne Visitenkarte können Sie in Japan kaum einem Geschäftspartner gegenübertreten. Falls dieser Fall trotzdem einmal eintreten sollte, ist es empfehlenswert in einem späteren Dankesschreiben die Karte beizufügen oder sich schnell welche vor Ort drucken zu lassen. Es hinterlässt jedoch immer einen sehr negativen Eindruck.

Die wichtigsten Regeln im Überblick:

Visitenkarten werden in einem extra Etui aufbewahrt und nicht im Portemonnaie. Um Ihrem Gegenüber Respekt zu zeigen, fassen Sie jede Visitenkarte mit zwei Händen zwischen Daumen und Zeigefinger am oberen Ende an und überreichen sie ihrem Gegenüber im Stehen (siehe Abbildung Nr. 10). Nach der Übergabe liest man die Visitenkarte aufmerksam und bedankt sich mit „Thank you" oder „*Hajimemashite*", was so viel bedeutet, wie „nett Sie kennenzulernen". Damit schenkt man der Person die nötige Aufmerksamkeit und Respekt.

Auf japanischen Visitenkarten steht traditionell der Nachname vor dem Vornamen. Mittlerweile benutzen aber auch viele Japaner, speziell für englischsprachige Visitenkarten, die westliche Schreibweise. Um sicherzugehen, dass Sie Ihren Verhandlungspartner richtig ansprechen, sollten Sie im Zweifel lieber nachfragen, bevor Sie ihn falsch ansprechen! Dies kann auch ein sehr nettes kurzes Gesprächsthema sein, um ein paar Worte mit dem Gegenüber zu wechseln und ist überhaupt nicht peinlich, sondern wird als ernsthaftes Interesse gewertet!

Anschließend werden alle Visitenkarten in das Etui gesteckt (oder auf dem Besprechungstisch ausgebreitet). Die Visitenkarten dürfen vor den Augen ihres

Geschäftspartners weder mit persönlichen Notizen von ihnen beschriftet werden noch dürfen Sie die Karte in ihrer Gesäßtasche verschwinden lassen.

> **Nützliche Tipps bei der Visitenkartenübergabe**
>
> Geben Sie die Karte mit dem Schriftbild so, dass Ihr Gegenüber die Karte lesen kann, nicht Sie!
>
> Auch bei größeren Gruppen muss jede Karte einzeln und mit der nötigen Aufmerksamkeit überreicht und nicht in „Spielkarten"-Manier verteilt werden. Visitenkarten nicht über einen Tisch schieben, werfen oder mit ihnen spielen (siehe Abb. Nr. 10 unten)
>
> Um die einzelnen japanischen Gesprächspartner/Gesichter besser einordnen zu können, legen Sie die Karten am Besprechungstisch in der Reihenfolge, wie die Personen zu ihnen sitzen.

Das Layout der Visitenkarten hat sich weltweit sehr angeglichen. Für den Einsatz in Japan gilt besonders, dass außer dem Namen immer auch der Titel/Rang oder zumindest der Name der Abteilung auf der Karte stehen sollte – auch wenn das in Ihrer Firma sonst nicht üblich ist. Für Japaner ist dies der wichtigste Anhaltspunkt zur Einschätzung des Gegenübers (im Zweifelsfall einen ranghöheren Titel wählen!). Lassen Sie sich bei der Übersetzung der Karte von Experten helfen. Nicht immer ist der Titel aus der deutschen Sprache ins Japanische 1:1 übersetzbar.

Im Regelfall ist die Visitenkarten doppelseitig bedruckt: eine Seite auf Englisch, eine auf Japanisch. Man sollte das Maß von 55x91 mm einhalten, da sie ansonsten nicht in standardisierte Aufbewahrungsetuis der Japaner passen. Der Druck japanischer Schriftzeichen ist heutzutage auch in Europa keine technische Schwierigkeit mehr, so dass man diese bequem vor der Geschäftsreise vorbereiten kann – und sollte.

Unter Mitarbeit von Karin Funke-Rapp

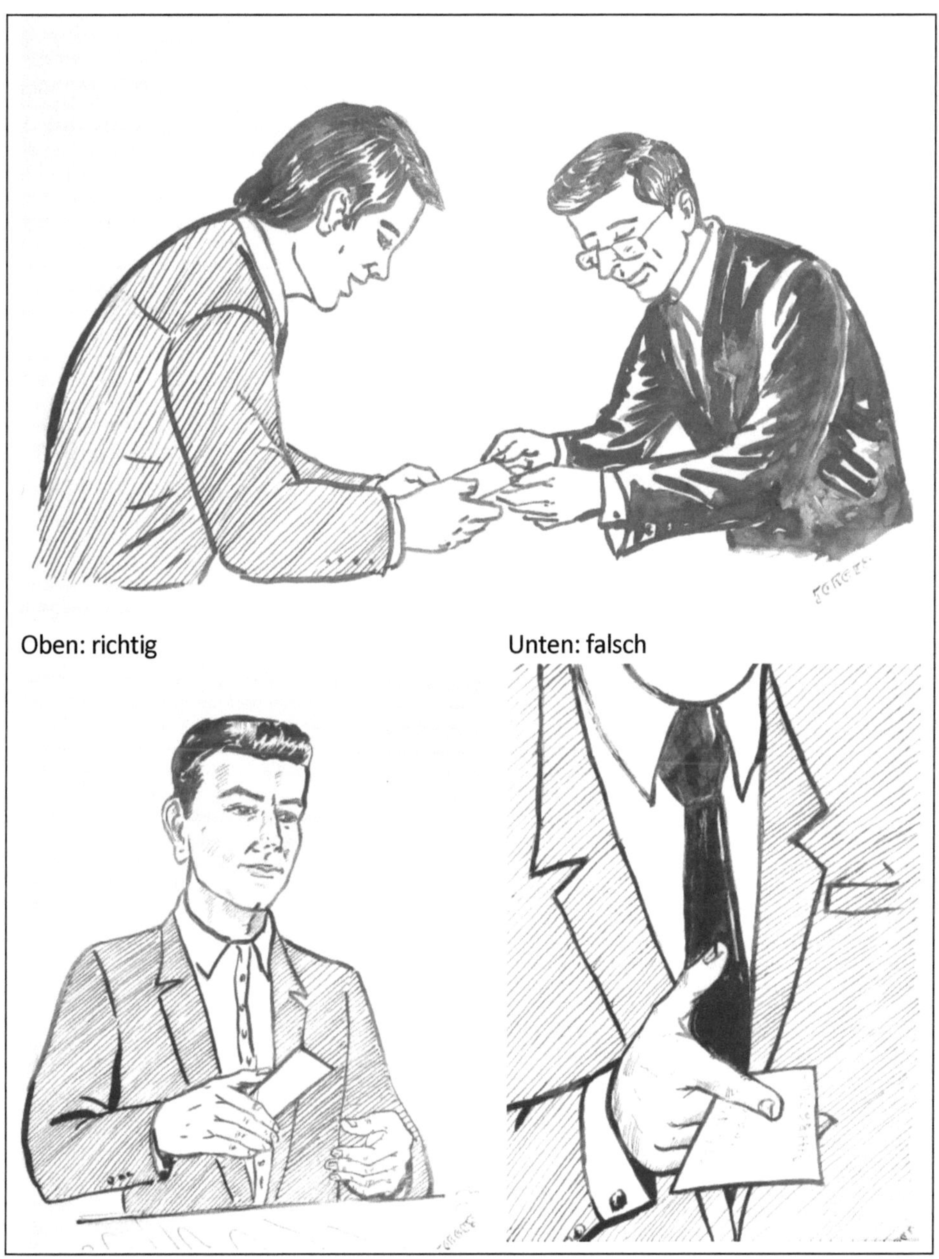

Oben: richtig
Unten: falsch

Weihnachten

Japan ist zwar kein christliches Land, aber die Sitte der Dekoration und teilweise auch der Versand von Weihnachtskarten ist in Japan schon lange parallel üblich. Japaner untereinander jedoch versenden Neujahrskarten (*nengajo*), die pünktlich am 1. Januar ausgetragen werden.

WhatsApp

→ siehe „Line"

WhatsApp als Messengerservice ist überhaupt nicht gebräuchlich in Japan. Marktführer ist für Android-Telefone „Line".

3.2. Aufbau und Führung guter Geschäftsbeziehungen in der Praxis

Da Japaner nahezu ausschließlich an dauerhaften Geschäftsbeziehungen und nicht an Spotgeschäften interessiert sind, dauert es meist sehr lange, dieses Vertrauen zu gewinnen. Es lohnt sich jedoch!

Zunächst stellt sich meist die Frage, wie man am besten Kontakt mit einem noch unbekannten japanischen Unternehmen oder Geschäftspartner aufnehmen kann.
Auch hier ist Japan gar nicht so viel anders als andere Länder.
Eine Kaltakquise – egal, ob per E-Mail oder Telefon – auch sprachlich – ist fast immer sinnlos. Die noch immer erfolgversprechendste Kontaktaufnahme ist, persönlich durch jemanden vorgestellt zu werden, der Sie und den gewünschten Geschäfts-partner kennt.
Alternativ kann – je nach Produkt und Wettbewerbsposition – auch der Besuch einer Messe (siehe Exkurs Nr. 4) oder die Vermittlung durch eine offizielle Organisation wie JETRO hilfreich sein. Sie bietet verschiedene Möglichkeiten an – von Unterneh-merreisen, über Messeförderung oder auch ganz einfach vom Schreibtisch aus ein Eintrag im „Trade Tie-up Promotion Program" (TTPP) (www.jetro.go.jp/ttppoas/). Diese Datenbank bietet sowohl japanischen als auch ausländischen Unternehmen eine digitale Plattform, geeignete Geschäftspartner oder Kunden zu finden. Zwar sind die meisten Einträge von chinesischen Unternehmen, aber als einen Baustein von mehreren bei einer Suche nach Geschäftspartnern ist ein Eintrag in dieser Datenbank durchaus sinnvoll und auch nicht sehr zeitaufwändig.

Der erste Eindruck ist sehr wichtig in Japan und deswegen sollte viel Wert darauf gelegt werden, wie man sich bei einem ersten Treffen gibt. Dazu gehören ein gepflegtes Auftreten (oft nach wie vor Anzug), Visitenkarten (siehe die entspre-chenden Punkte in Kapitel 3.1), aber auch eine detaillierte inhaltliche Vorbereitung – wesentlich tiefer als in Europa üblich.

Wenn man bei japanischen Unternehmen erstmals zu Gast ist, gibt es ein Schema, das in fast allen Fällen eingehalten wird: Zunächst wird man als Gast – auch bei kleinen Unternehmen – auf einen Rezeptionsbereich treffen, in dem meist uniformierte weibliche Unternehmensangestellte sitzen, bei denen man sich anmeldet. Nach Bestätigung des Termins wird man in ein Wartezimmer geleitet, das fast immer auch der Besprechungsraum ist. Japanische Büros sind – auch bei leitenden Angestellten – so klein, dass Besprechungen fast nie in den Büros stattfinden. Da es besonders wichtig ist, bei Japanern pünktlich zu sein, ist es nicht schlimm, vor dem vereinbarten Termin anzukommen. Sie warten dann in dem Raum einfach so lange, bis der Termin beginnt!

Auf folgende Dinge sollte man bei einem Treffen achten (siehe auch Übersicht Nr. 11):

Zu Beginn des Treffens werden alle Teilnehmer der japanischen Seite in den Raum kommen und Sie nacheinander – unter Austausch der Visitenkarten – begrüßen. Versuchen Sie sich dabei, die Gesichter und die Namen zu merken. Bei der Begrüßung werden sich die Japaner entweder traditionell verbeugen oder die Hand geben (siehe Eintrag „Verbeugung" in Kapitel 3.1).

Die hochrangigen Personen werden als erstes begrüßt (Senioritätsprinzip!) – und Gleichrangige begrüßen sich zunächst untereinander und danach die nachrangigen. Das bedeutet, dass sich zunächst die Chefs begrüßen und dann die jeweiligen Mitarbeiter.

Die Bedeutung von Rang, Alter und Status (Gast versus Gastgeber oder Kunde versus Auftraggeber beispielsweise) zeigt sich auch an weiteren Punkten im japanischen Geschäftsleben: Es wird Wert darauf gelegt, dass sich gleichrangige Personen treffen. Aus diesem Grund werden übrigens Japaner auch fast immer bei der Festlegung eines Treffens erfahren wollen, wer von Ihrer Seite teilnehmen wird.

Ablauf	Bemerkungen
1. Begrüßung und Austausch der Visitenkarten	Verbeugung (oder: Handschlag) Visitenkarten nicht beschriften (auf den Tisch legen)
2. Hinsetzen	Sitzordnung beachten (siehe Übersicht Nr. 12) Eventuell Geschenkeaustausch (Anzahl beachten) - siehe auch Abschnitt 3.1 unter „Geschenke" Es werden (meist ungefragt) Getränke serviert (je nach Firma grüner Tee, Kaffee oder ähnliches)
3. Vorstellung (*jiko shokai*)	Jeder stellt sich selbst vor – sehr wichtig beim ersten Kennenlernen in Japan
4. Allgemeine Einleitung und Vorstellung der Unternehmen	Nur beim ersten Treffen oder bei einem neuen Projekt. An ausreichend Unterlagen (englisch und/oder japanisch) denken: Es kommen immer mehr Personen als angekündigt
5. Business-Agenda	Erst hier kommt man zum inhaltlichen Teil! Wichtig: Agenda vorher kommunizieren und abstimmen!
6. Nächste Schritte vereinbaren	Sehr wichtig, wenn man schon nach dem ersten Kennenlerngespräch weitere Schritte erwartet. Ansonsten wird das Treffen von japanischer Seite als rein sozialer Akt verstanden.
7. Verabschiedung	Rangordnung beachten Geschenkeaustausch Tipp: Traditionell findet dieser am Ende eines Treffens statt, wenn für Sie wichtige Personen jedoch bspw. nur am Anfang dabei sind, können Sie diese auch am Anfang überreichen.

Meist werden von japanischer Seite mehrere Besprechungsteilnehmer anwesend sein (mindestens zwei, meist aber deutlich mehr), so dass die Begrüßung ein wenig Zeit einnimmt. Dies ist auch einer der Gründe, warum es nützlich ist, bei der Vorbereitung auf die Treffen daran zu denken, sich die Anzahl und Rang der Teilnehmer jeweils im Vorfeld geben zu lassen!

Japaner schätzen es sehr, wenn Unterlagen, die zur Besprechung notwendig sind, ausgeteilt werden. Das erleichtert ihnen sprachlich, der Besprechung zu folgen.

Nach der Begrüßung wird man Ihnen die vorgesehenen Sitzplätze zeigen, die dem jeweiligen Rang entsprechen.

Während der Besprechung wird von japanischer Seite wahrscheinlich nur der Delegationsleiter sprechen, während alle anderen Mitarbeiter entweder schweigend danebensitzen oder Notizen machen. Demgegenüber ist man mittlerweile daran gewöhnt, dass dies bei den westlichen Partnern nicht der Fall ist.

Inhaltlich gehen Japaner automatisch davon aus, dass das allererste Gespräch ein reines Kennenlerngespräch ist und keine Inhalte, Vertragsangebote o.ä. besprochen werden. Heutzutage sind japanische Unternehmen hier auch etwas flexibler geworden, aber es bietet sich zur Sicherheit an, wenn Sie einen konkreten Vorschlag bereits im ersten Gespräch machen wollen, dies schriftlich vorher anzukündigen, damit Sie auch die richtigen Mitarbeiter als Gesprächspartner bekommen.

Nr. 12   Abbildung – Sitzordnung bei geschäftlichen Treffen

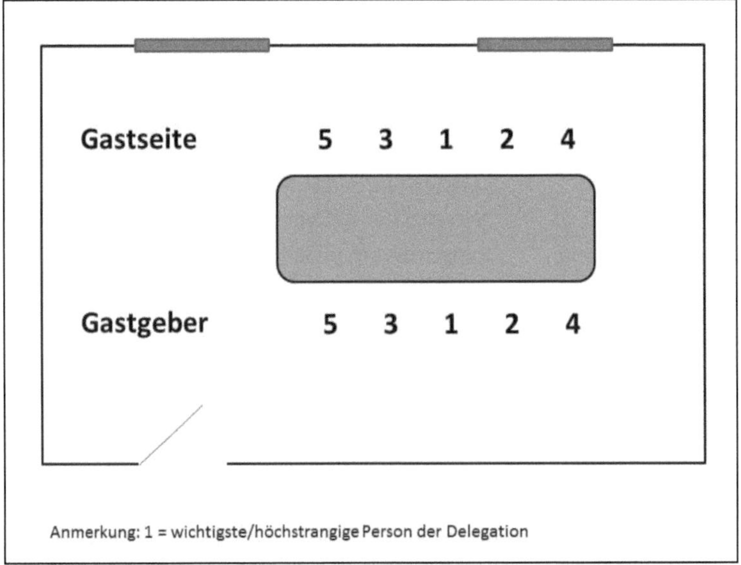

Die Sitzordnung folgt in Japan einer festgelegten Etikette, die in Übersicht Nr. 12 schematisch erklärt ist. Sie ähnelt Sitzordnungen bei hochrangigen politischen oder diplomatischen Anlässen, nur mit dem Unterschied, dass sie in Japan für alle normalen Geschäftstreffen (inkl. Geschäftsessen) gilt. Als Ausländer muss man diese aktiv nicht beherrschen, sich jedoch an die zugewiesenen Plätze halten. Empfangen Sie selbst japanische Gäste, sollten Sie, um ein gutes Klima zu erzeugen, dieses unbedingt berücksichtigen. Wichtig dabei ist, dass die höchsten der jeweiligen Seite sich genau gegenübersitzen, rechts und links davon in abfallender Reihenfolge die jeweils nächstwichtigen Personen. Die gastgebende Seite sitzt dabei immer der Tür am nächsten. Oft ist dies aus europäischer Sicht für die Gäste die Seite mit der wenig schöneren Aussicht, aber hüten Sie sich davor, Japanern einen Gefallen tun zu wollen und ihnen die aus Ihrer Sicht falsche Seite mit der schöneren Aussicht anzubieten!

Ein Meeting dauert fast immer genau ein oder zwei Stunden – länger ist unüblich (außer bei geplanten Tagesmeetings oder mehrtägigen Verhandlungen, wobei dann aber auch die einzelnen Module meist in ein- oder zweistündige Besprechungen getaktet sind). Eine Verlängerung oder Verkürzung, wenn sich im Gespräch herausstellt, dass man eine sehr gute gemeinsame Basis hat oder gar keine, ist nicht üblich. Selbst wenn das Gespräch uninteressant ist, werden japanische Geschäftsleute immer Wert darauf legen, Sie erst nach Ablauf der vereinbarten Zeit zu verabschieden und stattdessen mehr Small Talk machen. Umgekehrt, auch wenn Sie gerade mitten in Detailgesprächen sind, wird man nach der vereinbarten Zeit höflich das Gespräch beenden und einen neuen Termin anbieten. Gleiches gilt übrigens auch für Abendeinladungen – auch in Restaurants und Bars ist nach recht genau zwei Stunden Schluss (ein Grund dafür, dass oft mehrere Stätten - z.B. Restaurant und Karaoke-Bar – aufgesucht werden).

Japanische Verhandlungstaktik:
Ihr Gegenüber schweigt, nachdem Sie einen Vorschlag oder ein Angebot gemacht haben. Jetzt sollte man – und das ist für westliche Manager sehr schwierig – nicht in die Taktikfalle tappen und dieses Schweigen als Ablehnung deuten und daher ein niedrigeres Angebot oder andere ungefragte Zugeständnisse machen. Wenn Ihnen das Schweigen unangenehm ist, fragen Sie höchstens nach, ob einige Dinge unklar sind oder Sie noch etwas erklären sollen! So überbrücken Sie das für Sie unangenehme Schweigen, ohne sich unnötig selbst herunterzuhandeln.
Die Japaner bitten um eine Pause. Hierbei ist es unangebracht, sich dazuzustellen und zur Gruppe zu gesellen. Diese internen Besprechungen sind wichtig für die Japa-

ner, um hinterher eine geschlossene Meinung oder eventuell eine Entscheidung verkünden zu können!

Da Hierarchie und Konsens eine wichtige Rolle in Japan spielen, ist es sehr sinnvoll, selbst auch eine gewisse Geschlossenheit zu demonstrieren und sich während der Besprechung nicht zu sehr zu widersprechen. Insbesondere ist es wichtig, dass klar ist, wer aus Ihrer Gruppe eine Entscheidung treffen darf beziehungsweise wer letztendlich in dem Unternehmen hierfür zuständig ist.

Grundsätzlich bei längeren Gesprächen mit japanischen Delegationen – ob in Japan oder in Deutschland – kann es vorkommen, dass einer der japanischen Teilnehmer einschläft. Eine einleuchtende Erklärung hierfür zu geben ist schwierig, jedoch sollten Sie versuchen, dies nicht als persönliche Beleidigung aufzufassen. Japaner sind oft sehr übermüdet und schlafen bei vielen, z.B. auch bei sehr spannenden Sportereignissen, ein.

Nr. 13   Praxisbeispiel Import (Tokuri GmbH)

Die Firma Tokuri GmbH importiert und verkauft japanischen Sake und weitere japanische Alkoholspezialitäten. Sie wurde 2014 von Maximilian Fritzsch in Berlin gegründet, der durch Zufall im Rahmen seines Studiums 2010 ein Praktikum in Osaka gemacht hatte und sich nach ersten Berufserfahrungen in Unternehmen mit einem japanischen Produkt selbständig machen wollte.

„Am Anfang stand die Marktanalyse und Beobachtung. Dafür sollte man auch unbedingt nach Japan reisen. Hilfreich hierbei sind auch die vielen branchenbezogenen Verbände und Organisationen. Diese haben meist auch einen englischsprechenden Ansprechpartner und sind sehr hilfsbereit.

Besonders hilfreich für uns war auch die Unterstützung durch die JETRO. Diese half uns insbesondere durch ein Austausch-Programm, in dessen Zuge wir zusätzliche Brauereien besuchen konnten, mit denen wir Geschäftsbeziehungen aufgenommen haben. Sobald der Kontakt erst einmal hergestellt ist, ist E-Mail-Kommunikation auch in Japan Standard.

Wenn man potentielle Partner oder Lieferanten identifiziert hat, ist ein persönliches Kennenlernen sehr wichtig – das läuft aber in vielen Branchen in Deutschland ebenfalls so. Eine Beziehung sollte man langsam aufbauen und nicht gleich mit Preisverhandlungen vorpreschen: Japaner legen sehr viel Wert darauf, dass man das Produkt, mit dem man zu tun hat, wertschätzt. Dementsprechend lehnen Japaner es durchaus auch ab, jemanden zu beliefern, wenn sie nicht sicher sind, dass ihr Produkt qualitätsgerecht gelagert, transportiert oder verkauft wird. Wichtig ist, glaubhaft zu machen, dass man an langfristigen Geschäftsbeziehungen interessiert ist – hierbei ist vor allem Geduld, aber auch die deutschen Tugenden wie Pünktlichkeit und Zuverlässigkeit gefragt. Natürlich sollte man immer berücksichtigen, dass Japanern Seniorität wichtig ist und gestandene Arbeitnehmer entsprechend wertschätzend behandeln. Japaner sind unglaublich nett und hilfsbereit – in den sieben Jahren, die ich mit Japan zu tun habe, habe ich noch nicht eine schlechte Erfahrung gemacht.

Ein paar japanische Sprachbrocken helfen sehr, aber meist kommt man mit Englisch, gerade wenn es um einfache Bestellungen geht, sehr gut zurecht. Und wenn das einmal nicht funktioniert, gibt es immer jemanden, der hilft.“

Quelle: Interview mit Maximilian Fritzsch am 8.2.2017

3.3.   Vorbereitung eines Treffens/Unternehmenspräsentationen

Um Treffen insbesondere mit noch unbekannten Geschäftspartnern effizient zu gestalten, ist es ratsam, die eigenen Firmenunterlagen noch einmal auf bestimmte Faktoren durchzugehen bzw. von einem Japankenner prüfen zulassen. Auch wenn Ihre Präsentation bzw. Unterlagen gut erprobt und aus Ihrer Sicht sehr verständlich sind, versuchen Sie, diese einmal aus etwas Distanz zu betrachten: Japaner sind sehr visuell veranlagt und mehr am Prozess interessiert als am Ergebnis. Weiterhin spielen Zahlen und Fakten sowie Referenzen eine sehr wichtige Rolle.

Wenn Sie diese Aspekte in Ihrer Präsentation berücksichtigen, ersparen Sie sich unter Umständen endlose Nachfragen, Diskussionen etc. Umgekehrt, wenn Sie diese Aspekte nicht berücksichtigen, ist die Wahrscheinlichkeit hoch, dass Sie Ihren Geschäftspartnern ein und dasselbe Produkt oder Dienstleistung mehrmals erklären müssen, ohne dass es letztendlich wirklich verstanden wird. Darüber hinaus bietet es sich bei einem ersten Treffen sehr an, auf das eigene Unternehmen, die Unternehmensgeschichte, wichtige Philosophien etc. einzugehen.

Für Japaner sind ausländische Unternehmen zunächst einmal immer „amerikanische" Unternehmen mit allen Vor- und Nachteilen, die sich aus dieser Wahrnehmung ergeben. Ratsam ist daher meist, wichtige deutsche Tugenden, die auch von Japanern sehr geschätzt werden, zu betonen, beispielsweise Punkte wie Tradition, langfristige Ausrichtung von Strategien, langfristige Geschäftsbeziehungen etc.

Der bereits geschilderte grundlegende Unterschied des Verständnisses einer Besprechung in Europa und in Japan führt oft zu Missverständnissen bei europäischen Managern. Übersicht Nr. 14 zeigt – idealtypisch - diese Unterschiede zwischen Besprechungen in Deutschland/Westeuropa und Japan im Vergleich.

Nr. 14   Besprechungen in Deutschland und Japan im Vergleich

	Japan	Deutschland
Ziel	Besprechung = sozialer Akt	Besprechung = Business
Bedeu- tung	- Agenda wird strikt abgearbeitet - Kein Einbringen neuer Themen - Ergebnis kann heißen: „Nicht final entschieden"	- Agenda existiert, kann aber durch neue Themen und Ideen ergänzt werden - Üblicherweise Entscheidungen zu den Agendapunkten
Ablauf/ Inhalt	- Thema z.B. „Bericht über aktuelle Situation" - Beschreibungen - Bestätigungen von Entscheidungen (Nemawashi) - Jüngere/niederrangige Mitarbeiter sind eher Zuschauer als Teilnehmer - Viele Teilnehmer, wenig Meinungen - Wenig Interaktion - Teilnehmer schlafen bei Meetings	- Thema z.B. „Entwicklung einer Strategie" - Brainstorming = freie Ideensammlung, jeder Teilnehmer kann Beiträge liefern - Entscheidungen werden getroffen - Hohe Interaktion - Wenig Teilnehmer, viele Meinungen
Häufigkeit	- Sehr hoch	- Niedrig (im Vergleich)

Japaner sind sehr detailinteressiert. Daten und Fakten spielen eine sehr wichtige Rolle, aber auch eine gute grafische Aufbereitung.

Mindestinhalte einer Präsentation/Unterlagen:

- Fakten zum Unternehmen: wichtige Personen (vor allem auch Firmengründer), Mitarbeiterzahl, Umsatz
- Geschichte des Unternehmens: idealerweise die positiven deutschen Eigenschaften betonen (langjährig am gleichen Standort, familiengeführt oder ähnliche Punkte, die Zuverlässigkeit, Pünktlichkeit, Loyalität, Kontinuität betonen)
- Referenzkunden (vor allem, wenn vorhanden, japanische Kunden, Ansprechpartner oder sonstige japanbezogene Organisationen)
- Produktübersicht mit wichtigen Eigenschaften (Daten/Fakten!)

Optische Darstellung:

- Beschreiben Sie nicht nur das Ergebnis des Produktes oder Dienstleistung, sondern erklären Sie insbesondere, welche Prozesse ablaufen, um das Ergebnis zu erhalten. Stellen Sie sich vor, Sie müssten jemanden im Detail mit allen Umschlägen erklären, wie in Deutschland die Briefwahl funktioniert. Das kommt einem aus deutscher Sicht sehr umständlich und langwierig vor, aber Japaner schätzen und brauchen dies!
- Hilfreich ist es, wenn Sie die Darstellung Ihres Produktes/Dienstleistung mit Bildern/ Abbildungen anreichern. Dies kann auch in Comicform passieren. Das gilt in Japan weder als kindisch noch als unseriös.
- In allen Punkten sind Details sehr wichtig!

Wenn Sie selbst kein Japanisch können, ist es meist nicht sinnvoll, die Präsentation auf Japanisch vorzubereiten, da es dann für Sie selbst und Ihre Kollegen schwieriger wird, zu folgen. Hingegen kann es sehr hilfreich sein (sowohl inhaltlich als auch hinsichtlich der Beziehungspflege), in die vorhandenen Unternehmens-/Produktbroschüren eine Seite mit einer Zusammenfassung der wichtigsten Fakten auf Japanisch beizulegen. Dann haben Sie auch stets ein Handout parat, wenn Sie einem Japaner nur kurz Ihr Unternehmen oder Ihr Produkt vorstellen wollen.

3.4. Erfolgreiche Verhandlungsführung

Wenn beim Kennenlernen deutlich geworden ist, dass beide Seiten in Geschäftsbeziehungen treten wollen, beginnt im Allgemeinen eine sehr lange Phase der Verhandlungen. Aus deutscher Sicht wirkt das oft sehr zäh und führt zu der Sorge, dass
dies niemals endet. Meist münden diese langwierigen Verhandlungen dann auch
zunächst „nur" in einen LOI oder MOU (Letter of Intent, Memorandum of Under-
standing, Absichtserklärung), bevor es zum eigentlichen Vertrag geht. Für Japaner ist
dies aber wichtiger als der „richtige" Vertrag am Ende. Zunächst will man sich näher
kennenlernen und die Grundsatzdinge klären. Die Details im Vertrag hinterher gehen
dann meist sehr schnell. Solche Dokumente werden üblicherweise auf Englisch
formuliert. Die japanische Seite wird dies intern aber fast immer ins Japanische
übersetzen, damit jeder Beteiligte den Inhalt versteht.

Auch dies führt dazu, dass „on-the-spot"-Entscheidungen eher die Ausnahme sind.
Wichtig zu wissen ist auch, dass Verträge in japanischen Unternehmen über mehrere
Instanzen hinweg geprüft und diskutiert werden. Besprechungen dienen somit vor
allem als Bestätigung von bereits vorbereiteten Entscheidungen. Daher ist es auch
nahezu unmöglich, in einem Treffen einen völlig neuen Vorschlag zu unterbreiten
und auf eine sofortige Entscheidung zu spekulieren. Japaner bereiten sich inhaltlich
sehr detailliert anhand der vorab abgestimmten Agenda auf ein Meeting vor.
Abweichungen davon sind kaum zu realisieren. Wenn also eine neue Idee vorgestellt
oder in einem Treffen eine Entscheidung fallen soll, dann muss dies rechtzeitig vorab
geschickt oder mit den zuständigen Personen im Vieraugengespräch vorbesprochen
werden.

Wenn einmal ein Vertrag geschlossen ist, halten sich Japaner zuverlässig daran. Man
muss keine Sorge vor einem Bruch des Vertrages hinter dem Rücken haben. Nach
japanischem Verständnis ist ein solcher Vertrag jedoch vor allem die formale
Bestätigung einer Geschäftsbeziehung und des gegenseitigen Vertrauens. Bei
geänderten Umständen wird vom Vertragspartner die Bereitschaft erwartet, sich
anzupassen – weswegen eben der LOI oder das MOU der wichtigere Part sind, der
grundsätzliche Dinge klärt. Hierbei verweist man aber nicht auf bestimmte Para-
graphen, sondern erwartet, dass beide Seiten nach einer wirtschaftlich angemes-

senen Lösung ohne Rückgriff auf formale Rechtspositionen suchen. Ganz grundsätzlich gilt, dass in Japan der Rückgriff auf Gerichte sehr verpönt ist. Man sollte daher niemals damit drohen, auch nicht, um seine Position stärken zu wollen. Dies kommt einem sehr starken Vertrauensbruch nahe. Bei Problemen, die natürlich auch im Geschäft mit Japan entstehen können, wird man immer zunächst versuchen, die Angelegenheit durch Verhandlungen, Einsatz von Vermittlern oder ähnlichem außergerichtlich zu klären.

3.5. Beziehungspflege

Für Geschäftsbeziehungen mit Japanern ist die Beziehungspflege besonders wichtig. Das bedeutet nach einer Geschäftsreise, dass man möglichst allen getroffenen Personen einen kurzen Dankesbrief schreibt (wenn man sich länger kennt, reicht auch eine E-Mail). Bei Vertragsverhandlungen oder Eingehen einer längerfristigen Partnerschaft bedeutet dies auch, den Partner regelmäßig zu informieren, auch wenn aus Ihrer Sicht nichts Besonderes angefallen ist. Es lohnt sich, wenn der Chef der Delegation oder der Geschäftsführer dem Delegationsleiter bzw. Geschäftsführer des japanischen Partners beispielsweise regelmäßig über den Projektfortschritt berichtet. Dies kommt dem Informationsbedürfnis sehr entgegen und Japanern gelingt es dann leichter, eine Vertrauensbeziehung aufzubauen. Von hoher Bedeutung bei der Beziehungspflege ist vor allem die Regelmäßigkeit.
Wichtig ist auch, dass Sie sich ein Netzwerk der japanischen Geschäftswelt in Ihrem Bereich auch in Deutschland beziehungsweise an Ihren relevanten Geschäftsstandorten aufbauen. Das kann durch regelmäßige Teilnahme an Veranstaltungen geschehen, sollte aber auch durch gegenseitige Besuche ergänzt werden. Regelmäßige Reisen nach Japan sind dabei sehr ratsam, müssen aber selbstverständlich im Verhältnis zum Geschäftsumfang stehen.
Ungewohnt für deutsche Unternehmer ist, dass japanische Geschäftspartner Sie nicht nur über Personalwechsel informieren, sondern Ihnen den neuen Mitarbeiter auch persönlich vorstellen und um Ihr Wohlwollen für den Nachfolger bitten werden. Dies passiert häufig, wenn es eine deutsche Niederlassung des japanischen Unternehmens gibt und ein Mitarbeiter nach einer gewissen Entsendungszeit wieder nach Japan zurückkehrt. Idealerweise sollten auch Sie ihren Geschäftspartner über Änderungen informieren (zumindest schriftlich, falls persönlich nicht möglich).

Zur Beziehungspflege gehört auch, dass der japanische Partner Sie in Deutschland besuchen kommen wird. Dabei empfiehlt es sich – neben der in Ihrem Unternehmen üblichen Gastkultur – auf die im folgenden Exkurs detaillierten Aspekte besonders zu achten.

Nr. 16   Exkurs – Japanische Besucher in Deutschland

Der wichtigste Punkt, wenn man japanische Besucher in Deutschland empfängt, ist, die Wertschätzung zu zeigen. Dies drückt man für Japaner vor allem durch persönliche Betreuung aus. Japaner sind es nicht gewöhnt, etwas allein zu unternehmen. Im Idealfall sollte daher das Besuchsprogramm am Flughafen bei der Ankunft beginnen (persönliche Abholung durch einen Mitarbeiter, der konkret auch etwas mit dem Projekt/Kunden zu tun hat – nicht einfach nur durch einen Abhol-Dienstleister) und dort beim Abflug auch erst wieder enden.

Je nach Wichtigkeit und Dauer des Besuches empfehlen sich dann weitere Aspekte wie:

- Aufstellen der japanischen Flagge für den Besuch

- Hilfe bei der Hotelbuchung

- Organisieren verschiedener Essen (nicht nur in der firmeneigenen Kantine)

- Eventuell Organisation eines Rahmenprogramms

- Zusendung (vorab!) eines ausführlichen Programmablaufs inklusive Meetingagenden sowie teilnehmender Personen

- Eventuell Dolmetscher organisieren

- Geschenke für alle Besucher

4. Personal und Marketing in Japan

4.1. Besonderheiten im Personal- und Bildungswesen

Sehr häufig bekommt man als Ausländer von Japanern gesagt, dass Japan „anders" und ein bestimmtes Vorgehen daher nicht möglich sei. Vieles lässt sich jedoch bei genauem Hinsehen mit gesundem Menschenverstand erklären. Natürlich gibt es Branchen oder Produkte und auch einige Funktionsbereiche, in denen Japan in der Tat anders ist. Die beiden wichtigsten sind Personal und Marketing. Das Standard-Betriebswirtschaftswissen aus internationalen Lehrbüchern oder die eigene Erfahrung aus Europa hilft hier nicht weiter; zu sehr unterscheidet sich das Vorgehen in Japan. Mit etwas Hintergrundwissen kann man aber auch hier sehr erfolgreich sein. Darauf aufbauend sollte man dann unbedingt Spezialisten zu Rate ziehen und kann dann deren Empfehlungen besser evaluieren.

Konkret bedeutet dies in Japan beispielsweise, dass es keinesfalls damit getan ist, vorhandene Flyer, Websites oder ähnliches einfach 1:1 ins Japanische zu übersetzen. Vielmehr wird oftmals ein völlig neues Produktdesign, ein anderes Zuschneiden der Zielgruppen, eine andere Ansprache der Kunden nötig sein. Die Größe des japanischen Marktes sowie die Langfristigkeit, auf die man sich bei Geschäftskontakten verlassen kann, rechtfertigen ein solches Vorgehen auch aus ökonomischer Sicht. Die Erfahrung und alle Umfragen unter europäischen Firmen, die in Japan tätig sind, zeigen, dass sich ein solch angepasstes Vorgehen lohnt.

Woher kommen nun diese Unterschiede und wie wirken sie sich aus?
Japan galt lange als sehr verschlossener Markt und Gesellschaft, und auch wenn viele Formalien mittlerweile nicht mehr gelten, gibt es einige systemimmanente Faktoren. Hierzu gehört beispielsweise im Bereich Personal ein völlig anderes Bildungssystem als man dies aus Europa kennt. Japaner besitzen eine sehr hohe Allgemeinbildung. Fast alle Schulabgänger schließen mit dem Abitur ab, und 59 Prozent eines Jahrgangs haben sogar einen Hochschulabschluss! Zum Vergleich: In Deutschland sind es 29 Prozent. Jedoch wird weniger selbständiges Denken und Arbeiten gelehrt, sondern vielmehr Auswendiglernen von Fakten.

Das Personalwesen Japans wird dominiert durch die Verfahren der – quantitativ in der Unterzahl befindlichen – Großunternehmen. Nur eine Anstellung in einem

Großunternehmen garantierte die früher sehr bekannte „lebenslange Beschäftigung". Diese galt auch früher im selben Maße für kleine und mittlere Unternehmen, aber alles Streben in der Gesellschaft für die Kinder galt einer solchen sicheren Beschäftigung. Diese Großunternehmen rekrutieren – noch heute – ihre neuen Mitarbeiter aus den besten Universitäten. Da alle Studenten zur gleichen Zeit ihren Abschluss machen, beginnen auch heute noch alle Berufsanfänger, die frisch von der Universität kommen, ihre Arbeit zum 1. April eines Jahres. KMU – und auch ausländische Unternehmen! –, die nicht an diese Top-Absolventen herankommen, mussten sich auch schon früher mit den Abgängern nicht so hochrangiger Universitäten begnügen oder aber Arbeitsplatzwechsler einstellen. Dies galt lange Zeit, auch wenn es statistisch gang und gäbe war, als großes Tabu auf dem Arbeitsmarkt. Zusätzlich ist es in diesem System so, dass die Universitäten sehr stark ebenfalls Allgemeinwissen vermitteln – in den ersten zwei Jahren gibt es neben den fachlichen Fächern auch Allgemeinunterricht.

Somit besitzen Absolventen kein besonders tiefes Fachwissen. Dies war aber auch von den Firmen gar nicht gewünscht: In einem System, in dem die „lebenslange Beschäftigung" die Norm ist, wechselt der Arbeitnehmer ja nicht. Ergo kann das Unternehmen auch die Zeit und Kosten investieren, die Mitarbeiter nach ihren spezifischen Anforderungen auszubilden (siehe auch Übersicht Nr. 17). Dementsprechend, und auch das findet man heute noch, ist es sogar relativ egal, welches Fach jemand studiert hat.

Berufsanfänger werden von einem Unternehmen in Jahrgangsgruppen in bestimmten Zahlen rekrutiert. Das sieht zum Beispiel so aus: „Für 2018 sucht Hitachi 56 neue Hochschulabgänger" – bestimmte Fachrichtungen werden gar nicht erwähnt. Teilweise wird noch unterschieden in allgemeine Laufbahnen und Spezialistenlaufbahnen (z.B. bei Ingenieuren), aber nicht mehr. Die Einstellungsverfahren sind reglementiert und gelten für alle Unternehmen – sie beginnen über ein Jahr vor dem Universitätsende. Der landesweite Beginn der Beschäftigung dieser Jahrgangskohorte ist zum 1. April eines Jahres.

Daneben gibt es auch die Kategorie des „Career Recruitment", das heißt die Einstellung von berufserfahrenen Mitarbeitern. In einigen Branchen – beispielsweise bei Top-Unternehmensberatungen und in Kreativbranchen – wird dies stärker eingesetzt, aber immerhin gibt es dieses Verfahren öffentlich heutzutage auch bei traditionellen konservativen Großunternehmen, wenn auch in kleinen Zahlen.

Diese gruppenweise Einstellung von Berufsanfängern einfach unter dem Label „Berufsanfänger/Hochschulabsolvent", also ohne Job Description und ohne Vorgabe von (fachlichen) Vorkenntnissen ist auch ein Grund dafür, dass das berufliche Selbstverständnis eines Japaners eher an die Firma als an den „Beruf" geknüpft ist. Ein japanischer Angestellter antwortet noch heute auf die Frage nach seinem Beruf eher mit dem Namen seines Arbeitgebers als beispielsweise „Buchhalter" oder „Vertriebler".
So bildet sich eine sehr starke Loyalität zum Unternehmen heraus. Das Bildungssystem erzeugt Generalisten mit hoher Allgemeinbildung, die mittels On-the-Job-Training (OJT) und Rotation über sehr unterschiedliche Abteilungen in ihrem Berufsleben auf die Anforderungen der Firma hin ausgebildet werden. Die Mitarbeiter steigen kontinuierlich weiter in der Hierarchie auf – ein Überholen ist im System nicht vorgesehen. Auch dies erklärt, warum ältere Menschen in der Gesellschaft ein hohes Ansehen haben. Noch heute gilt: je älter ein Gesprächspartner ist, desto wichtiger (in der Unternehmenshierarchie) ist er.

Wichtig ist ferner, dass dies hauptsächlich für die männlichen Absolventen galt. Bei Frauen galt die Regel, dass diese ohnehin nur bis zur Hochzeit arbeiten; sie wurden daher nur in niedrigeren Laufbahnen eingesetzt – trotz hervorragender Qualifikation. Dieses fast ungenutzte Humankapital haben sich übrigens schon lange die ausländischen Unternehmen zunutze gemacht: Bayer in Japan beschäftigt seit vielen Jahren Frauen an sehr verantwortungsvollen Positionen – ein Beispiel, wie ein ausländisches Unternehmen das japanische System sehr erfolgreich nutzen kann, obwohl es durch seinen Ruf als „nicht so sicherer Arbeitgeber" die schlechteren Startbedingungen hat.

Daneben gab und gibt es natürlich weitere Formen der Beschäftigung – sehr stark wurden schon immer auch Leiharbeitskräfte eingesetzt und natürlich gab und gibt es Arbeitsplatzwechsel. Auch geringfügige Beschäftigungen sind vor allem in der Gastronomie und im Einzelhandel eher die Norm als die Ausnahme. Und alle Akteure profitieren von der hohen Qualifikation aller Arbeitnehmer, die auch bei geringen

Stundenlöhnen (es gibt keinen Mindestlohn) von oft nur rund 1.000 Yen (acht Euro) kompetent, zuverlässig und freundlich arbeiten.

Nr. 17   Übersicht – Wichtige Unterschiede im Personalwesen

	Japan	DACH*
Rekrutie-rung	- Festgelegter Zeitpunkt (für Berufsanfänger) - Festgelegter Ablauf - Fokus des Systems auf Berufsanfänger - Keine Job-Descriptions - Potential des Kandidaten wichtiger als Fachwissen - Rang/Image der Bildungsinstitution entscheidend für Chancen bei Berufseintritt	- Flexibel (bedarfsabhängig) - Prozess nicht festlegt (bspw. auch Initiativbewerbungen möglich) - Fokus auf Fachwissen → Job Description als Grundlage - Kompetenz und Erfahrung wichtig
Aus-/Weiter-bildung	- Aufgaben- und unternehmensbezogen - OJT	- Marktbezogen - Unabhängig vom Unternehmen (externe Trainingsanbieter)
Job Rotation	- Rotation zwischen Abteilungen	- Bedarfsorientiert, aufgabenbezogen
Berufsver-ständnis	- Generalist	- Spezialist
Arbeitswei-se	- Unabhängige Arbeit weder gewünscht noch erwartet	- Mitarbeiter haben Entscheidungskompetenz und erwarten auch Spielraum bei der Gestaltung der Arbeit
Fokus	- Der Versuch ist wichtiger als das Ergebnis	- Ergebnisorientierung

* Deutschland, Österreich, Schweiz

Diese Schilderungen können natürlich nur ein verallgemeinerndes Bild darstellen, das jedoch vor allem bei Großunternehmen auch heute noch so zutrifft. Natürlich gibt es aber in der Gesellschaft und gerade bei jüngeren Japanern mehr und mehr auch den Wunsch nach besserer Work-Life-Balance, nicht alle wollen eine solche Standardkarriere in einem solch starren System. Arbeitsplatzwechsel auch in Managementkarrieren sind heute auch nicht mehr so negativ angesehen. Auch dies eröffnet Chancen für ausländische Unternehmen. Nichtsdestotrotz kommen die Arbeitnehmer, wenn sie ihre Schulbildung nicht im Ausland absolviert haben, dennoch aus dem geschilderten Bildungsumfeld. Daher ist die Kenntnis der Charakteristika des japanischen Personalwesens für Ausländer wichtig, auch wenn man kein eigenes Personal hat, sondern mit Japanern verhandelt oder geschäftlich mit ihnen Umgang hat. Dies wird im nächsten Abschnitt thematisiert.

4.2. Umgang mit Japanern im Geschäftsalltag

Eine der auffälligsten Konsequenzen aus den oben beschriebenen Elementen des Bildungs- und Berufswesens in Japan ist, dass Japaner bis zu einer sehr hohen Hierarchiestufe es nicht gewohnt sind, eigene Entscheidungen zu treffen. On-the-spot-Entscheidungen, die man auch als Vertreter eines deutschen Unternehmens bis zu einer gewissen Tragweite selbstverständlich treffen darf, sind in Japan nicht üblich. Selbständiges Arbeiten und auch selbständiges Festlegen der Arbeitsweise wird in Japan weder gefordert noch gewünscht, zumindest nicht bis zu einer sehr hohen Hierarchieebene.

Wie verhält man sich also am besten, wenn man eine neue Idee oder ein neues Angebot kommunizieren möchte?
Neue Vorschläge werden üblicherweise zunächst freundlich, aber weitgehend kommentarlos entgegengenommen und dann – teilweise nach einer Übersetzung ins Japanische – mit allen relevanten Personen/Abteilungen – besprochen, bevor man eine Antwort erhält. Wenn man dies weiß, ist es einfacher, Geduld zu haben.

Bei Besprechungen ist es üblich, dass nur der ranghöchste Mitarbeiter spricht. Es ist daher wenig zielführend, sich einen Mitarbeiter aus der Gruppe herauszusuchen und ihn nach seiner Meinung zu fragen. Ein betretenes Schweigen wird im Normalfall die Antwort sein – sowohl auf Seiten des Chefs, der sich übergangen fühlt, als auch auf

Seiten des Mitarbeiters, der ungewollt in den Mittelpunkt des Interesses gerät. Je enger Sie mit einem Unternehmen und dessen Mitarbeitern zusammenarbeiten, desto mehr verlagert sich die Diskussion jedoch auf die Arbeitsebene.

Wenn man japanische Mitarbeiter hat, ist man ebenfalls mit verschiedenen Konsequenzen des Systems konfrontiert. Japanische Mitarbeiter erwarten vom Vorgesetzten, konkrete Schritte für die Durchführung der Arbeit genannt zu bekommen. Das im Westen vorherrschende Prinzip, das Ziel/Ergebnis vorzugeben und den Mitarbeiter den Weg selbst wählen zu lassen, sind Japaner selten gewöhnt. Um den japanischen Mitarbeiter allmählich an eine andere Unternehmenskultur zu gewöhnen, bietet es sich an, zunächst in regelmäßigen Abständen Arbeitsergebnisse abzufragen und nicht nur eine Vision oder Ziel zu formulieren, damit es nach Ablauf der gesetzten Frist keine Überraschung gibt. Ermuntern Sie im Gegenteil Ihren Mitarbeiter, sich regelmäßig mit Feedback oder Fragen an Sie zu wenden, setzen Sie sich regelmäßig zusammen und besprechen Sie den Arbeitsfortschritt und die Zwischenergebnisse.

Tipp – Nachhaken

Ganz wichtig ist es beim Umgang mit Japanern, wenn Sie als Chef von jemandem zu einem bestimmten Termin ein Ergebnis erwarten, regelmäßig nachzuhaken und nicht erst kurz vor der Deadline! Das wird von Japanern nicht als „Gängelei" oder Kontrollwahn verstanden, sondern als freundliches väterliches Führen! Es ist sogar wichtig für ihn und er fühlt sich ernster genommen!

Vor Überforderung vor einer selbständigen Arbeitsweise kann es sonst passieren, dass der Mitarbeiter gar nichts tut, weil er nicht verstanden hat, was er tun soll, sich aber schämt, dies zuzugeben.

Weiterhin ist es im gesamten japanischen Geschäftsleben üblich, sehr viele und regelmäßige Berichte/Reports zu schreiben, auch wenn aus westlicher Sicht keine wesentlichen Neuigkeiten eingetreten sind. Dieses Informationsbedürfnis zieht sich durch das gesamte japanische Geschäftsleben. Aus europäischer Sicht wird dies – auch von den befragten Interviewpartnern – oft als „Zeit verplempern" empfunden. Dies ist leichter zu ertragen, wenn man sich vergegenwärtigt, dass auch Japaner sehr wohl den kürzeren Weg sehen, diesen aber aus Rücksicht und Respekt von Hierarchie und/oder Seniorität nicht gehen.

Nr. 18   Praxisbeispiel – Kritik üben

Ein sehr bedeutsamer Punkt ist, dass Japaner im Allgemeinen Meinungen oder Kritik von der Persönlichkeit nicht gut trennen können. Sie kritisieren umgekehrt auch niemals offen den Chef oder einen Außenstehenden. Dies hat wiederum zwei wesentliche Folgen für das ausländische Gegenüber: Man muss lernen, Kritik so anzubringen, dass sie angenommen werden kann und zweitens – oft noch viel wichtiger – überhört man als Ausländer schnell eine sehr indirekt angebrachte Kritik. Probleme werden aus westlicher Sicht erst sehr sehr spät offen thematisiert, wenn es eigentlich schon zu spät ist. Sinnvoll ist bei ersterem Fall beispielsweise, eine Situation auf sich selbst zu ziehen und nicht den anderen damit anzugreifen (Beispiel: „Ich habe die Erfahrung gemacht, dass es besser ist, die Tätigkeit auf diese Weise zu machen").

Auch der umgekehrte Fall lässt sich lösen: häufig ist es so, dass Mitarbeiter unterer Hierarchiestufen Kritik, Sorgen, Zweifel und ähnliches mit den entsprechend unteren Hierarchiestufen Ihres Unternehmens „besprechen". Dies geschieht aber nicht offen als „Besprechung", sondern wird eher beiläufig in einer Pause oder am Rande eines Gesprächs angebracht und ebenfalls als „persönliche Meinung" („ich finde, dass die Farbe des Produktes etwas zu glänzend ist"). Ganz wichtig hier ist, dass die Mitarbeiter aus Ihrem Unternehmen wissen, dass dies passieren kann und dies entsprechend „hochkommunizieren".

Umgekehrt ist es für einen deutschen (oder österreichischen/schweizerischen) Angestellten in einem japanischen Unternehmen oder unter einem japanischen Vorgesetzten oft schwierig zu akzeptieren, dass dieser es oft gar nicht positiv sieht, wenn der Mitarbeiter eigenständig Lösungen sucht, die Arbeit ohne nachzufragen durchführt oder gar Entscheidungen des Chefs in Frage stellt.

4.3. Frauen im Geschäftsleben

Frauen in Japan sind erst seit 1986 mit dem Gleichstellungsgesetz auch beruflich auf eine Ebene rechtlich mit Männern gleichgestellt worden. Doch obwohl mehr Frauen als Männer einen Universitätsabschluss machen, sieht die Realität auch in Japan noch anders aus: Der Anteil weiblicher Führungskräfte in Unternehmen lag 2016 bei unter 10 Prozent, im öffentlichen Sektor liegt er sogar noch niedriger. Hinzu kommt, dass Frauen im Durchschnitt 40 Prozent weniger Gehalt erhalten und mit rund 70 Prozent den Großteil der Teilzeitbeschäftigten ausmachen. Als sogenannte *"office ladies"* findet man diese Frauen auch heute noch in Uniform gekleidet vor allem viel in Groß-Unternehmen zum Tee kochen und auf den unteren Ebenen der Unternehmenshierarchie.

In den letzten Jahren hat sich die Situation – sowohl durch die stärker werdende Internationalisierung, aber auch aufgrund der demografischen Entwicklung – stark geändert. Es passiert zwar nicht oft, Frauen in hochrangingen Positionen anzutreffen, aber es kommt doch immer öfter vor. Wenn Sie eine solche weibliche Führungskraft antreffen, werden Sie sie sehr schnell an ihrem Äußeren erkennen können: Sie trägt keine Uniform wie die *office ladies*, sondern konservativ geschnittene Kostüme in gedeckten Farben. Auch ihr überzeugenderes Auftreten unterscheidet sich deutlich von dem anderer Frauen, die sich im Hintergrund halten.

Während es für japanische Frauen vergleichsweise schwer ist, von ihren männlichen Kollegen in ihrer Funktion respektiert zu werden, haben es ausländische Frauen in dieser Beziehung einfacher. Wichtig ist, dass Sie als westliche Geschäftsfrau in Japan Ihrem Gegenüber mit viel Fingerspitzengefühl deutlich machen, welche Rolle Sie in Ihrer Firma haben. Vor allem die Angabe Ihrer Funktion auf der Visitenkarte hilft hier sehr. Geschenke und Geschäftsmaterialien sollten Sie von Ihren Mitarbeitern überreichen lassen, um Ihren Status noch mehr hervorzuheben. Ihre eigenen Mitarbeiter sollten von Ihnen vorab darüber informiert werden, dass Sie Ihnen gegenüber besonders viel Achtung und Respekt entgegen bringen, um Ihre Entscheidungsbefugnis und Rolle deutlich klar zu machen. Lassen Sie z.B. auch Ihre Tasche und Papiere von Ihren Mitarbeitern tragen. Bei der Sitzordnung sollten Sie den Platz einnehmen, der Ihrer leitenden Stellung entspricht (siehe Abbildung Nr. 12 auf Seite 54). Vor allem sollten Sie mit Ihrer Fachkompetenz überzeugen. Die Teilnahme am *"after-work program"* sollte genauso dazugehören wie die Teilnahme am Business Dinner oder der Ausklang in einer Karaoke-Bar. Wenn Sie dort aktiv mitmachen, ist dies kein Zeichen für Schwäche, sondern wird sehr wohlwollend von den Geschäftspartnern wahrgenommen. Dies gilt in gleichem Maße auch für Männer.

Die Tatsache, dass Frauen insgesamt heutzutage im Geschäftsleben ernster genommen werden, lässt sich auch daraus ablesen, dass sie vermehrt als Experten beispielsweise bei Nachrichten oder Dokumentationen im Fernsehen herangezogen werden. Dies war früher eine reine Männerdomäne, Frauen dienten nur als dekoratives, dem eigentlichen Moderator stets bewundernd zustimmendes Beiwerk.

Von Karin Funke-Rapp

4.4. Marketing in Japan

Japan ist die am stärksten alternde Bevölkerung der Welt, gleichzeitig hat es aber auch einen sehr wichtigen Anteil junger Menschen, die sehr kauffreudig und –kräftig sind. Entsprechend wichtig ist es beispielsweise im Bereich des Marketing, Produkte oder Dienstleistungen sowohl vom Design/Inhalt als auch hinsichtlich der Werbekanäle zielgruppengerecht zu platzieren.

Zu den gängigsten Weisheiten über den japanischen Markt beziehungsweise seine Konsumenten gehören:

1. Japan ist ein „First Mover Market", d.h. Innovationen werden gern und schnell aufgegriffen. Die globale mobile Internetrevolution begann beispielsweise in Japan. 1999, lange vor dem I-Phone (seit 2007 auf dem Markt) gab es mit I-Mode bereits einen vergleichbaren Service, der so erfolgreich war, dass sich der Börsenwert des Anbieters NTT DoCoMo binnen kürzester Zeit vervierfachte.

2. Japanische Kunden sind sehr qualitäts-, marken- und servicebewusst. Sie zahlen auch gern einen höheren Preis für guten Service, sind jedoch sehr anspruchsvoll.

3. Japaner sind sehr loyal – hinsichtlich der Geschäftspartner genauso wie zu Produkten. Dabei kaufen sie vorzugsweise lokale Produkte.

Diese Aspekte stimmen nach wie vor, auch wenn sie sich heutzutage etwas abschwächen. Diese Tendenzen kann man sich als ausländischer Anbieter sehr gut zunutze machen.

Die Innovationsbereitschaft japanischer Kunden ist ungebrochen. Wenn sie etwas für praktisch (*benri*) oder niedlich (*kawaii*) halten und es ihre Emotionen anspricht, sind sie für neue Produkte schnell zu begeistern. Diesen Geschmack zu treffen, bedarf tiefer Kenntnis über den japanischen Markt. Dabei spielen sowohl die unterschiedlichen Zielgruppen als auch bestimmte Vorlieben – insbesondere die für Anime und Comic – ein wesentlicher Aspekt. Viele Weltmarktführer sind in Japan nicht die Nummer 1; im Bereich E-Commerce beispielsweise hinkte Weltmarktführer Amazon lange Zeit weit hinter dem japanischen Portal „Rakuten" hinterher. Gleiches gilt noch heute für den Messenger Service „WhatsApp", der in Japan nahezu inexistent ist – der Markt wird vom in Europa wiederum unbekannten Anbieter „Line" dominiert, der in Japan große Gewinne erzielt.

Die japanischen Anforderungen hinsichtlich Qualität und Service sind legendär. Lange Zeit waren die Konsumenten nicht preissensitiv, wenn sie dafür sicher sein konnten, entsprechende Leistungen zu erhalten. Luxusmarken waren in Japan besonders erfolgreich, während Discountgeschäfte oder die DIY-Branche lange Zeit nur ein Schattendasein fristeten. Deutsche Firmen berichteten immer wieder entgeistert, dass sie Produktreklamationen erhielten, nur weil bei einem Paar Schuhe ein Schnürsenkel um wenige Millimeter länger geschnürt war als der andere.

Durch das langjährige Schrumpfen und die Deflation der japanischen Wirtschaft sind auch japanische Konsumenten preisempfindlicher geworden. Erst seit den 1990er Jahren gibt es auch in Japan Discounter wie Walmart oder „100 Yen-Shops" (das Pendent zum 1-Euro-Shop). Sogar Ikea hat in Japan sehr erfolgreich Fuß gefasst. Es ist gesellschaftlich nicht mehr verpönt, ausländische Produkte zu kaufen, auch wenn japanische Kunden nach wie vor gern „japanisch" (speziell bei Lebensmitteln) kaufen. Wenn Produkte einen speziellen Mehrwert bieten, ist es sogar chic, ausländisch zu kaufen. Ein rein auf einem Dumpingpreis beruhendes Produkt wird es aber nach wie vor schwer haben.

Die größten Zielgruppen in Japan sind der sogenannte „Silver Market" (ältere Menschen), junge Menschen und Frauen. Da Japan die am stärksten alternde

Gesellschaft der Welt ist, gibt es besonders viele und kaufkräftige Senioren. 26,7 Prozent oder 34 Millionen Menschen sind älter als 64 Jahre (Deutschland: rund 20 Prozent). Schon lange haben sich japanische Anbieter auf diesen Teilmarkt eingestellt. Dabei ist es kein Widerspruch, dass auch junge Menschen ein sehr lukratives Segment sind. Auch wenn sie heutzutage nicht mehr alle bis zur Hochzeit im Elternhaus leben (die Anzahl der Haushalte bei gleichbleibender Einwohnerzahl ist von 41 Millionen im Jahr 1990 auf 53 Millionen im Jahr 2010 gestiegen), ist der Anteil noch immer recht hoch. Diese jungen Menschen haben ein sehr hohes verfügbares Einkommen, dass sie hauptsächlich für Konsum ausgeben.

Schließlich, und das sollte man unbedingt bei der Werbung berücksichtigen, sind Frauen die Hauptentscheider bei Kaufentscheidungen. Auch dies ist ein Aspekt, warum Produkte vor allem „niedlich" sein müssen und pastellfarbene Töne oft erfolgreicher sind. Der deutsche Handtaschenhersteller Bree beispielsweise verkauft seine Handtaschen in Japan sehr erfolgreich mit gleichem Design wie in Deutschland, aber in anderen Farben.

Werbung muss dabei vor allem die Emotionen der Käufer ansprechen (Qualität wird dabei sowieso vorausgesetzt). Hierbei sind verschiedene Faktoren je nach Werbeträger wichtig. Werbung im Fernsehen funktioniert fast überwiegend mit eingänglichen Jingles oder Liedern und oft – wie auch bei allen Werbeträgern und – formen – mit Comicfiguren oder Animation. Aus europäischer Sicht erscheint dies oft kindisch oder wenig professionell. Man sollte jedoch stets berücksichtigen, dass der Köder dem Fisch schmecken sollte und nicht dem Angler.

Ein besonders erfolgreicher Weg ist es, Mundpropaganda und Multiplikatoren für die Produkte einzusetzen. Dies galt bereits in Zeiten, als diese Form noch nicht einfach digital via Facebook oder anderer sozialer Medien möglich war: Ende der 90er Jahre wurde mit einem bekannten Moderator eine einmalige Sendung im japanischen Fernsehen ausgestrahlt, in der erklärt wurde, dass Wein für die Gesundheit förderlich sei und dass tanninreiche Rotweine eine vorbeugende Wirkung gegen Herzerkrankungen beanspruchen können. Innerhalb einer Woche (nach dieser Sendung) waren die Lager für Rotweine ausverkauft. Japaner lieben Wein – die japanische Sommelier-Vereinigung zählt 8.000 Mitglieder. Selbst Italien, das Land mit den meisten Sommeliers weltweit, einer viel längeren Weingeschichte und eigenem Weinanbau, hat „nur" 30.000 Mitglieder. Amazon bietet beispielsweise seit 2016 einen speziellen Sommelier-Service für seine Kunden in Japan an – man hat seine Zielgruppe und Bedürfnisse verstanden!

Auch im Bereich Werbevolumen ist Japan weltweit die Nummer drei und mit über 10 Prozent deutlich vor Deutschland, das nur rund drei Prozent am weltweiten Werbeumsatz hält. Hauptwerbeträger in Japan sind „Promotional Media" (Flyer etc.) mit fast 35 Prozent und Fernsehen mit rund 31 Prozent. Internet/Digitalwerbung allgemein liegt noch bei 19 Prozent, seigt aber wie auf anderen Märkten auch stark.

Die bereits angesprochene Loyalität japanischer Kunden (sowohl Konsumenten als auch Geschäftskunden) ist aus europäischer Sicht Segen und Fluch gleichzeitig. Einerseits ermöglichen langfristige Geschäftsbeziehungen eine ganz andere Kalkulation und Planung, andererseits dauert es oft deutlich länger, bis man erfolgreich ist. Japanische Kunden prüfen und analysieren Produkte vor dem Kauf deutlich länger und intensiver. Dies kann sehr frustrierend sein, vor allem, wenn immer wieder neue Dokumente oder Informationen angefordert werden, lohnt sich aber in den meisten Fällen, da man stets davon ausgehen kann, dass Japaner diesen Aufwand eben treiben, weil sie nicht an einem nur einmaligen Geschäft interessiert sind.

4.5.   Der Kunde in Japan

Kunde in Japan zu sein ist eine sehr angenehme Erfahrung: die meisten Menschen, mit denen man zu tun hat, sind immer freundlich, hilfsbereit und kompetent.
Im deutschsprachigen Raum heißt es, „der Kunde ist König". Die entsprechende Redewendung im Japanischen heißt übersetzt „der Kunde ist Gott". Diesen kleinen, aber feinen Unterschied sollte man wörtlich nehmen. Ein Marketingexperte sagte einmal „Wenn Sie glauben, Sie seien kundenorientiert in Ihrem Unternehmen, dann fahren Sie nach Japan, und Sie werden Demut lernen!"

Die Wertschätzung gegenüber Kunden lässt sich nahezu in jedem Lebensbereich und in jedem Detail ablesen und spüren: Jeder Mitarbeiter – egal in welchem Unternehmen, auch im öffentlichen Bereich – fühlt sich für eine Kundenanfrage zuständig und verantwortlich und kümmert sich um Sie. Nahezu nie werden Sie hören „Dafür bin ich nicht zuständig". Im Gegenteil, immer wird man dem Kunden geduldig und freundlich zuhören und meist wird der zuerst Angesprochene Sie vermutlich sogar persönlich zum richtigen Ansprechpartner bringen. Lange Öffnungs- und Erreichbarkeitszeiten sind Standard in Japan, Aufträge werden schnell ausgeführt, langes Warten an Kassen ist unbekannt. Wenn man etwas kaufen möchte, erklärt der Verkäufer jedes nur erdenkliche Detail geduldig. Auch After-Sales-Service wird groß geschrieben.

Das bedeutet umgekehrt, dass man ein solches Verhalten auch von Ihrem Unternehmen als Anbieter eines Produktes oder Dienstleistung erwartet. Auch dies ist ein Grund dafür, warum ein japanischer Kunde erwartet, dass Ihr Unternehmen in geeigneter Form in Japan präsent ist. Er kann sich sonst nicht vorstellen, wie Sie binnen eines Tages ein Ersatzteil beschaffen oder eine Reparatur gewährleisten wollen.

Das bedeutet weiterhin, dass man als Anbieter ebenfalls möglichst viele und ausführliche Informationen über das Produkt zur Verfügung stellen muss – in einem viel höheren Detailgrad als dies bei europäischen oder amerikanischen Kunden nötig wäre. Ein Japaner erwartet nicht unbedingt, dass Sie jedes Detail kennen, aber Sie sollten sich darum kümmern und ihn nicht einfach weiterreichen.
Auch für kleinste Verzögerungen sollte man sich entschuldigen – hierbei geht es nicht darum, dass es wirklich schlimm ist, sondern dass man dem Kunden die nötige Aufmerksamkeit und Respekt erweist. Der Kunde ist eben Gott.

5. Organisatorische Hinweise

5.1. Vorbereitung einer Japanreise

Um eine Japanreise möglichst effizient und produktiv zu gestalten, ist es sinnvoll, einige Dinge vorab zu berücksichtigen.

Visum: Für Einwohner Deutschlands, Österreichs und der Schweiz ist bei einem Aufenthalt von bis zu 180 Tagen kein Visum erforderlich. Bei der Einreise nach Japan werden biometrische Daten (Fingerabdruck, Foto) erfasst und zunächst ein 90-tägiges Visum ausgestellt. Dies kann man bei Bedarf auf 180 Tage verlängern, indem man sich beim zuständigen Einwohnermeldeamt registrieren und das Visum bei der Einwanderungsbehörde verlängern lässt.

Der **Zeitunterschied** beträgt je nach Sommer- oder Winterzeit sieben oder acht Stunden.

Terminplanung

Die Flugzeit zwischen Deutschland und Japan beträgt zwischen 12 und 15 Stunden (inklusive Zubringer nach Frankfurt, München oder anderen Hubs). Der Transfer vom Flughafen in die Stadt dauert mindestens eine, eher zwei Stunden (nach Gepäckempfang und Einreise), so dass man gegebenenfalls überlegen sollte, ob man bereits am Anreisetag Termine wahrnehmen kann oder möchte.

Termine bei unterschiedlichen Geschäftspartnern und Orten insbesondere innerhalb von Tokyo sollten mit genügend Puffer für die teilweise langen Fahrtzeiten einkalkuliert werden.

Die Mittagszeit in allen japanischen Firmen ist von 12.00-13.00 Uhr. Mit Ausnahme von Businesslunches (die man jedoch üblicherweise nur mit schon bekannten Geschäftspartnern macht), sind in dieser Zeit keine Termine möglich.

Geschäftstreffen dauern in der Regel exakt ein oder zwei Stunden. Es ist absolut unüblich, eine Besprechung zum Beispiel schon nach 30 Minuten zu beenden, weil alles gesagt ist, oder umgekehrt zu verlängern, weil es so viel zu besprechen gibt. In solchen Fällen wird dann eher auf Small Talk ausgewichen oder bereits Gesagtes wiederholt, um die volle Stunde zu erreichen oder ein neues Treffen vereinbart. Die ein- bzw. zweistündigen Zeitfenster werden im Normalfall sehr strikt eingehalten.

Man sollte daher seine Ungeduld zügeln und auch ein Treffen nicht von sich aus beenden.

Für eine Terminplanung kann man daher folgende Faustregel verwenden: man kann einen Vormittagstermin von 9.00-11.00 oder 10.00-12.00 und zwei Nachmittagstermine (13.00-15.00, 14.00-16.00 und 16.00-18.00 oder maximal 17.00-19.00 Uhr) einplanen, wobei jeweils eine Stunde Fahrtzeit einkalkuliert ist.

Schon im Zuge der Terminvereinbarung sollte man eine Agenda für das Gespräch kommunizieren bzw. mit dem Gesprächspartner vereinbaren. Japaner bevorzugen es, sich inhaltlich exakt auf ein Meeting vorbereiten zu können. Dazu gehört auch, dass die entsprechenden Verantwortlichen gegebenenfalls aus anderen Abteilungen oder Bereichen hinzugezogen werden. Neue oder unbekannte Themen oder Aspekte während eines Gespräches können meist nur sehr unzureichend angesprochen werden. Falls der Gesprächspartner es nicht sowieso automatisch kommuniziert, ist es sinnvoll, nach der Anzahl und ggf. auch den Positionen der zu erwartenden Teilnehmer zu fragen, um – in der Summe der in Japan zu führenden Gespräche – ausreichend Visitenkarten mitzunehmen, aber auch kleine Gastgeschenke, Präsentationen, Flyer usw. Die Anzahl der Teilnehmer von japanischer Seite ist nämlich typischerweise sehr hoch! Lassen Sie sich auch unbedingt eine Anreiseskizze zum Besprechungsort geben (siehe Kapitel „Verkehr, Orientierung ab Seite 85). Alle japanischen Unternehmen haben so etwas – auch in englischer Sprache –, da japanische Adressen nicht einfach zu finden sind.

Wenn Sie ein neues Unternehmen kennenlernen, sollten Sie unbedingt möglichst viele Informationen darüber recherchieren, auch über die beteiligten Personen. Dies gilt in Japan nicht als zu neugierig, sondern wird als ernsthaftes Interesse gewertet. Umgekehrt sollten Sie entsprechende Vorbereitungen von japanischer Seite werten – es ist ein gutes Zeichen! Westliche Manager sind oft überrascht, wenn die japanischen Gesprächspartner teilweise mehr über ihr Unternehmen wissen als sie selbst oder auch nach Details fragen, die sie dann unter Umständen gar nicht beantworten können. Es kann sich daher sehr lohnen, sich vor Abreise noch von anderen Abteilungen (Technikern, Finanzspezialisten usw.) Hintergrundinformationen über das eigene Unternehmen geben zu lassen, um nicht bei jeder Detailfrage in Europa nachfragen zu müssen.

Japaner haben nämlich üblicherweise kein Interesse an kurzfristigen Geschäftsbeziehungen, sondern prüfen immer, ob sie sich eine langfristige Beziehung vorstellen können. Dies erklärt auch die teilweise langwierigen Verhandlungen, die sich natürlich nur vor diesem Hintergrund auch wirtschaftlich lohnen.

Zur Vorbereitung einer Geschäftsreise nach Japan gehört auch die Besorgung passender **Geschenke** (→ siehe Kapitel 3.1).

Kleidung: In Japan trägt man zu Geschäftsterminen einen dunklen Anzug, Hemd und Krawatte (keine schrillen Farben!). Von Frauen wird ein Kostüm oder ähnliches erwartet – mit Strumpfhosen, auch im Hochsommer! Alles andere wird eher als Respektlosigkeit gewertet. Auch wenn Japan mittlerweile viel offener auch hinsichtlich der Kleiderordnung geworden ist, sollte man eher gedeckte Farben und Designs wählen (es sei denn, man bewegt sich in einer „kreativen" Branche).

Klima: Bedingt durch das starke Nord-/Südgefälle in Japan ist das Wetter regional sehr unterschiedlich. Der Winter in Tokyo ist vergleichsweise mild, dafür sind die Sommermonate (speziell Juli und August) sehr heiß und feucht (Luftfeuchtigkeit über 80%). In den frühen Sommermonaten gibt es starke Regenfälle und im Spätsommer Stürme (Taifun), die aber in der Regel den Flugverkehr nicht beeinträchtigen.

Hotel

In Japan gibt es Business- und Luxushotels jeder Kategorie. Es gibt sowohl Hotels/Pensionen im westlichen als auch im japanischen Stil (*minshuku, ryokan*). Letztere sind zwar schön und exotisch (mit japanischem Essen, japanische Ausstattung), für Geschäftsreisen meist jedoch nicht praktikabel.

Hotels sind, wenn es nicht ohnehin in Ihrem Unternehmen eine Liste gibt, einfach über Suchmaschinen oder Buchungsportale zu finden. Grundsätzlich können Sie jedoch mit den meisten Hotels in Japan kaum Fehler machen, da Service und Sauberkeit durchweg sehr gut sind. Viel wichtiger ist meist die Entscheidung der Lage des Hotels, vor allem in Tokyo, da die Stadt sehr groß ist und die Fahrtzeiten sehr lang sein können. Unbedingt achten sollte man darauf, dass die nächstgelegene Bahnstation nicht zu weit von der Ringline „Yamanote Line" entfernt ist – es sei denn, ihre Termine liegen alle in einem bestimmten anderen Gebiet. Wenn Sie bequem vom und zum Flughafen mit dem Limousine-Bus reisen möchten, lohnt es sich ein

Hotel zu wählen, das auf der Strecke dieses Buses liegt. Businesshotels in Japan sind recht günstig, hier sollte man jedoch unbedingt genau auf die Zimmergröße achten. Raum ist Luxus in Japan – vor allem in Tokyo, und es gibt zahlreiche Hotels, in denen die Zimmer teilweise nur 10-12 Quadratmeter groß sind, so dass man neben dem Bett kaum noch die Möglichkeit hat, sich zu bewegen geschweige denn zu arbeiten. Außerdem gibt es in den Hotels noch viele Raucherzimmer. Da in Japan nicht auf der Straße geraucht werden darf, nutzen rauchende Geschäftsreisende ihre Zimmer dazu, dieser Aktivität dort besonders ausgiebig nachzugehen. Empfindliche Gemüter sollten daher unbedingt auf ausgewiesene Nichtraucherzimmer achten.

5.2. Geld, Währung, Banken

Die offizielle **Währung** in Japan ist der Yen. Banknoten sind als 1,000, 2.000, 5,000, 10,000 Yen; Münzen als 1, 5, 10, 50, 100, 500 Yen erhältlich. Mit Dollar oder Euro kann man nicht bezahlen - der japanische Yen ist einziges Zahlungsmittel.

Kreditkarten: Vielfach herrscht noch das Vorurteil über Japan, man könne kaum mit Kreditkarte bezahlen. Obwohl Barzahlung in Japan – anders als in den USA - nicht ungewöhnlich ist, sind Kreditkarten und die Bezahlung mit Kreditkarten statistisch fast genauso verbreitet wie in Deutschland. Ebenso wie in Deutschland ist es jedoch nicht möglich bzw. unüblich, in kleinen Geschäften, am Imbiss oder bei Kleinstbeträgen mit Kreditkarte zu bezahlen. Neben den einheimischen Kreditkarten (v.a. JCB) sind Visa, Master und American Express üblich.

Bargeldversorgung
Bargeld in Banken zu tauschen, ist in Japan nach wie vor ein sehr zeitaufwendiges und vor allem aufgrund der Öffnungszeiten mühsames Vorgehen. Es gibt jedoch in den Großstädten viele Wechselstuben. Einfacher und wesentlich kostengünstiger (mit Maestro-Karte wegen des besseren Wechselkurses) ist es, Bargeld am Automaten zu ziehen. Allerdings weniger bei Banken, sondern vielmehr vor allem ganz praktisch an den Geldautomaten (7Bank genannt) in den 7-Eleven-Convenience Stores! Diese haben zusätzlich den Vorteil, dass sie rund um die Uhr geöffnet sind. Die Menüführung ist ebenfalls auf Englisch möglich.

Mehrwertsteuer

Die Mehrwertsteuer in Japan beträgt acht Prozent (seit 2014). Noch in den 1990er Jahren waren es 0 Prozent. An diese aus japanischer Sicht hohe Mehrwertsteuer haben sich bislang weder Konsumenten noch der Handel richtig gewöhnt, was man u.a. auch daran merkt, dass die Preisauszeichnung nicht standardisiert ist. Einige Geschäfte weisen – wie in Deutschland – den Endpreis inklusive Mehrwertsteuer auf dem Produkt aus, andere schlagen die Mehrwertsteuer – wie in den USA beispielsweise – erst an der Kasse auf. Im April 2017 sollte sie auf 10 Prozent angehoben werden; allerdings wurde diese Erhöhung um zweieinhalb Jahre verschoben, um die Wirtschaft nicht zu sehr zu belasten.

IC-Cards (Chipkarten)

Eine sehr praktische Art und Weise, insbesondere den öffentlichen Nahverkehr, aber auch an vielen weiteren Stellen (v.a. Convenience Stores, Bahnhofskiosken usw.) zu bezahlen, sind Chipkarten auf Prepaidbasis mit NFC-Technologie, in Japan IC-Cards genannt. Es gibt zahlreiche Anbieter in Japan; die beiden Hauptanbieter, weil vor allem auch in der bevölkerungsreichen Region Kanto verbreitet, sind Suica und Pasmo. Der große Vorteil ist, dass man sie auch als ausländischer Besucher in Japan völlig unbürokratisch und schnell am Automaten besorgen und ab diesem Zeitpunkt nutzen kann. Man kann die Karten am Ende der Geschäftsreise zurückgeben und erhält dann auch das (niedrige) Pfand von 500 Yen (vier Euro) zurück, aber da nicht genutzte Karten erst nach 10 Jahren verfallen bzw. ungültig werden, kann man sie auch problemlos für den nächsten Aufenthalt aufbewahren (oder an andere Personen übertragen). Guthaben lässt sich an jedem Bahnhof am Automaten aufladen oder abfragen; die Menüführung gibt es auch auf Englisch. Sobald die Karte ein Guthaben aufweist, kann man damit bezahlen. Meist ist der Preis für das gewünschte Gut (Fahrpreis, Getränk usw.) sogar geringfügig geringer als bei Barzahlung. Neben den vor allem im wichtigen Gebiet um Tokyo/Yokohama vertretenen Karten Suica und Pasmo gibt es diverse andere Anbieter, meist lokal begrenzt – so beispielsweise Icoca in der Gegend von Osaka und Hiroshima, Toica in der Gegend um Nagoya usw. Zehn Emittenten haben sich mittlerweile so zusammengeschlossen, dass die Karten kompatibel eingesetzt werden können. Ob man an einer Stelle mit Suica oder Pasmo bezahlen kann, ist leicht erkennbar an der Kasse oder an der Bahnschranke mit dem entsprechenden Logo gekennzeichnet.

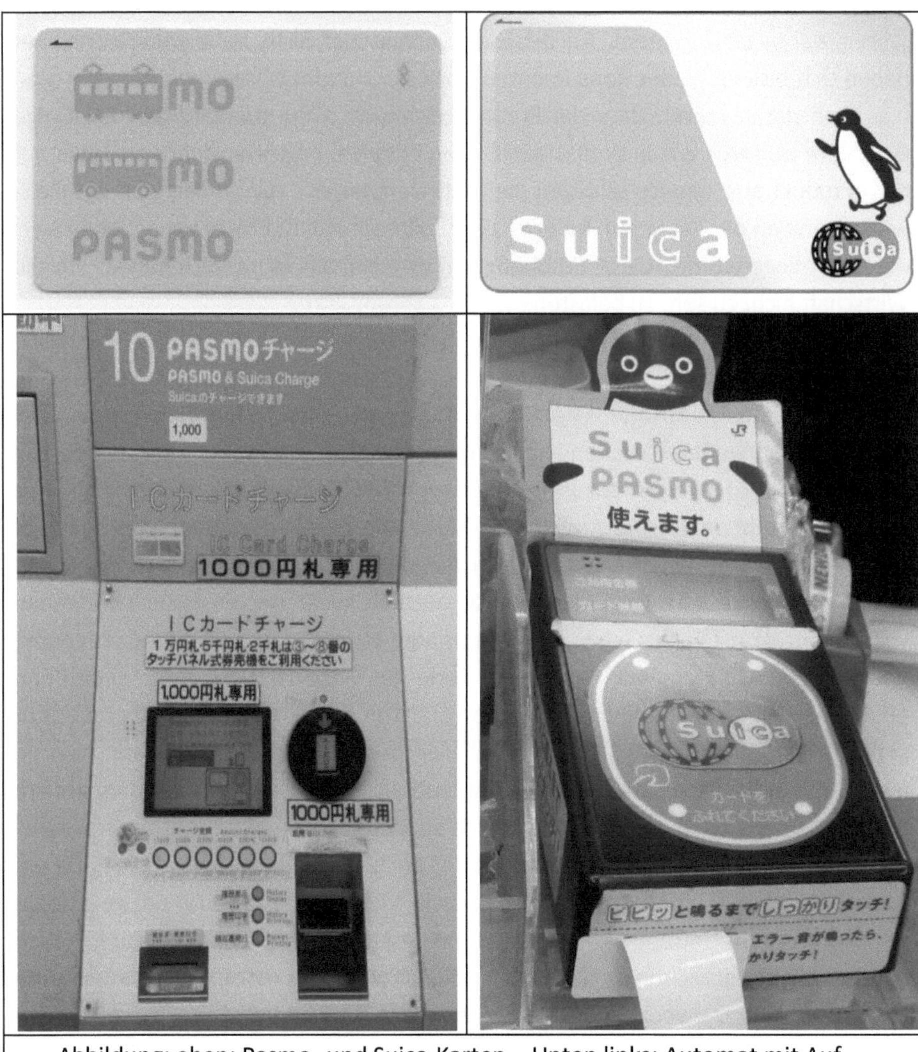

Abbildung: oben: Pasmo- und Suica-Karten - Unten links: Automat mit Auf-
lademöglichkeit; rechts: IC-Kartenreader in einem Geschäft

Wer es einmal probiert hat, wird diese Methode nicht mehr missen wollen. Eine Datenschutzproblematik stellt sich nicht, da die Karten in ihrer Basisfunktion ohne Namen oder Registrierung ausgegeben werden. Das einzige Risiko ist daher der

Verlust der Karte, das man minimieren kann, indem man jeweils überschaubare Beträge auflädt. Am Automaten kann man sich zusätzlich eine Aufstellung der Umsätze erstellen lassen, die man für die Reisekostenabrechnung für Steuer oder Arbeitgeber benötigt.

Geschäftszeiten

Die meisten Firmen und Behörden haben Montag bis Freitag von 9.00 bis 17.00 Uhr geöffnet. Banken montags bis freitags von 9.00-15.00 Uhr geöffnet.

Geschäfte haben für gewöhnlich täglich (auch Samstag und Sonntag) von 10.00 bis teilweise 20.00 Uhr geöffnet. Die großen Kaufhäuser schließen meist gegen 19.00 Uhr. Zudem gibt es überall in Japan sogenannte Convenience Stores (CVS, bspw. Lawson, Seven Eleven, Family Mart etc.), die in den Großstädten täglich und rund um die Uhr geöffnet sind (in kleineren Städten zum Teil etwas eingeschränkt) und neben Nahrungsmitteln, Hygieneartikeln und Zeitschriften auch Unterhaltungselektronik oder Fotokopien anbieten.

Alkohol und Tabakwaren erhalten Sie nur in Geschäften, die hierfür eine Lizenz haben (und – zeitlich eingeschränkt – an Automaten). Auch in Convenience Stores werden diese beiden Produkte zunehmend angeboten.

Feiertage

Da Japan kein christliches Land ist, gibt es eine Reihe von Feiertagen, die man sich gesondert merken sollte (vgl. Übersicht Nr. 20). Die wichtigsten zusammenhängenden Feiertage, an denen fast alle japanischen Unternehmen – wenn auch sehr kurze – Betriebsferien haben, sind: Golden Week (1. Maiwoche), Obon (Mitte August) und Neujahr (Ende Dezember bis Anfang Januar). Zu diesen Zeiten sind nahezu alle Geschäfte und Büros in Japan geschlossen.

Darüber hinaus gibt es folgende Regel: Fällt ein nationaler Feiertag auf einen Sonntag, so ist der darauf folgende Montag ebenfalls frei (Ausgleichsfeiertag). 2017 war in Japan also am 2. Januar ein Feiertag, da der eigentliche Feiertag am Neujahrstag auf einen Sonntag gefallen war. Einige Feiertage wurden daher Anfang der 2000er Jahre von einem fixen Datum auf einen Montag verlegt (z.B. Tag des Sports immer am 2. Montag im Oktober), damit die Arbeitnehmer so drei freie Tage hintereinander haben. Da sie pro Jahr wenige Urlaubstage haben, kommen sie so in den Genuss von etwas mehr Erholung.

Datum	Feiertag
1. Januar	Neujahr (die meisten japanischen Firmen haben von 28./29. Dezember bis 3./6. Januar geschlossen)
2. Montag im Januar	Tag der Volljährigkeit
11. Februar	Staatsgründungstag
Um den 20. März	Frühlingsanfang
29. April	Tag der Showa-Ära*
3. Mai	Verfassungstag*
4. Mai	Tag des Grüns*
5. Mai	Tag des Kindes*
3. Montag im Juli	Tag des Meeres
11. August	Tag des Berges
3. Montag im September	Tag der älteren Menschen
23. September	Herbstanfang
2. Montag im Oktober	Tag des Sports
3. November	Tag der Kultur
23. November	Tag der Arbeit
23. Dezember	Geburtstag des Kaisers

Anmerkungen: * Die Feiertage Anfang Mai werden als „Goldene Woche" bezeichnet. Sie ist der längste Zeitraum, an dem japanische Mitarbeiter frei haben. Diese Zeit wird von Japanern stark für Reisen genutzt.

Preise

Preise in Japan sind teilweise günstiger als in Europa, teilweise teurer. Aufgrund des Platzmangels sind Übernachtungen üblicherweise teuer (was sich auch in den hohen Verpflegungspauschalen beispielsweise in der deutschen Steuergesetzgebung widerspiegelt). Mittagsmenüs in den Restaurants oder an Imbissbuden sind günstig, Abendessen in Restaurants hingegen sehr teuer. Getränke sind an den nahezu überall vorhandenen Verkaufsautomaten meist günstiger als vergleichbare Getränke in Deutschland. Den „Big Mac-Index" muss Japan nicht scheuen. Dieser recht bekannte Index ist aufgrund der Tatsache, dass es diesen Burger fast überall auf der Welt in standardisierter Größe und Zusammensetzung gibt, ein einfacher Indikator für die Kaufkraft einer Währung. Er wird in US-Dollar angegeben und betrug Mitte

2016 in Japan lediglich 3,47 US-Dollar, während er in allen DACH-Ländern teurer war (Deutschland 4,17, Österreich 3,96 und Schweiz 6,59 USD).

Tickets im öffentlichen Nahverkehr sind zunächst einmal günstig (eine einfache Fahrt mit U- oder S-Bahn kostet ab 90 Cent, da es jedoch kaum Mehrfachfahrkarten gibt und bei Umsteigen von einer Gesellschaft auf die anderen neue Fahrscheine gelöst werden müssen, summieren sich die Einzeltickets schnell auf höhere Beträge. Im Vergleich aber zu Preisen in der Schweiz erscheint Japan sogar nahezu billig.

Einige Preisbeispiele zur groben Orientierung zeigt Übersicht Nr. 21.

Nr. 21   Übersicht – Preisbeispiele in Japan

Produkt	Preis (jap. Yen, ¥)	In Euro*
Softgetränk (Dose aus dem Automaten)	100-130	0,80-1,00
U-Bahn Ticket einfach (Tokyo)	Ab 130	1,00
McDonald's Cheeseburger	130	1,00
Tageszeitung (englisch)	150	1,20
Brief Luftpost ~25g Europa	110	0,90
Taxi (Tokyo)		
- die ersten 2 Kilometer	710	5,75
- jeder weitere Kilometer	350	2,85
Einfaches Mittagessen		
- als Menu (mit Suppe und Nachtisch)	Ab 700	5,70
- Nudelsuppe	Ab 300	2,40
- Sushi vom Band (Teller mit 2 Stück)	Ab 100	0,80

* Stand der Preise: Oktober 2016, Umrechnung 100 Yen = 0,80 Euro

5.3. Verkehr, Orientierung

In Japan herrscht Linksverkehr. Anders als beispielsweise in Deutschland halten sich auch alle Menschen, auch in U-Bahnen, auf Treppen und ähnlichen Orten daran – nur so können so viele Menschen auch zur Rush Hour problemlos und zügig von A nach B kommen. Bei Rolltreppen hingegen gibt es immer wieder Ausnahmen; üblicherweise wird aber sehr deutlich die Laufrichtung auf dem Fußboden und auf Schildern angezeigt.

Orientierung

In Japan gibt es wenige Straßennamen, und die Nummerierung von Hausnummern erfolgt einer ganz anderen Logik als in Europa. Daher ist das Auffinden einer bestimmten Adresse nicht trivial, auch nicht für Einheimische. Man sollte also, wenn man die Adresse nicht kennt, auf keinen Fall einfach loslaufen, auch wenn man schon in der Nähe ist. Es ist zwar in keiner Weise gefährlich, aber die Wahrscheinlichkeit, sich vollkommen zu verlaufen, ist sehr hoch.

Quasi alle Firmen halten daher leicht verständliche Anreisebeschreibungen (siehe Beispiele in Abbildung Nr. 22) inklusive Stadtplan parat, auf der die Firma eingezeichnet und der Weg von den nächstgelegenen U-/S-Bahn-Stationen, aber auch für Taxifahrer erklärt ist.

Dies verdeutlicht nochmals, dass die Anreise mit öffentlichen Verkehrsmitteln zum einen einfach, zum anderen meist auch am schnellsten ist. Wichtig ist, sich exakt an die Beschreibung zu halten und den U-Bahn-Ausgang (diese sind ebenfalls immer nummeriert) zu nehmen, der auf der Karte angegeben ist. Wenn Sie zum Beispiel Ausgang A3 statt A4 nehmen, kann es sein, dass Sie plötzlich einen mehrere hundert Meter langen Umweg haben und vermutlich Ihr Ziel auch nicht finden.

> **Tipp Anfahrtspläne**
>
> Auch wenn Sie kein Japanisch können: Lassen Sie sich den Plan sowohl auf Englisch als auch auf Japanisch schicken, dann können Sie Passanten und Taxifahrern Ihr Fahrtziel viel einfacher verständlich machen!

Wenn man eine solche Anreisebeschreibung als Besucher nicht ohnehin automatisch vom Gesprächspartner per E-Mail zugesendet bekommt, findet man sie fast immer auf der Firmen-Website oder kann sie erbitten.

Oft bieten die japanischen Firmen an, den Besucher vom Hotel abzuholen, was aber schwierig machbar ist, wenn man an einem Tag mehrere Termine hat.

Heutzutage vereinfachen die Digitalisierung, Smartphone und das vor allem in Tokyo recht weit verbreitete WLAN die Orientierung sehr. So lässt sich mit Google Maps fast jede Anschrift in Japan einfach finden.

Nr. 22   *Abbildung – Japanische Wegbeschreibungen (chizu)*

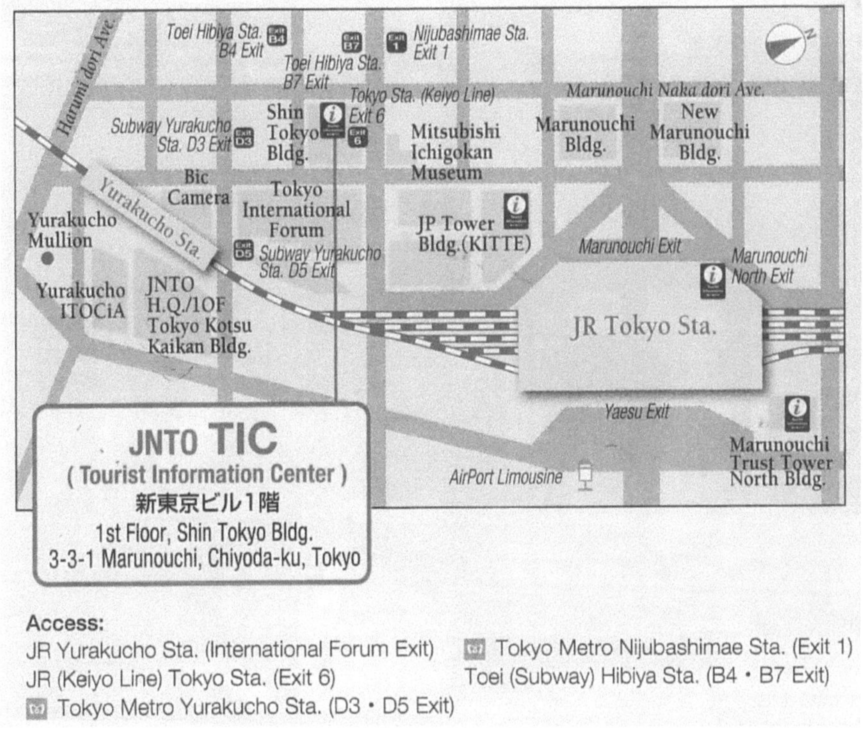

Quelle: Offizielle Anreisebeschreibung des japanischen Tourismusbüros in Tokyo.
Wichtig sind die Angaben der diversen U-Bahnlinien und der genauen Ausgänge

Wenn man sich doch einmal verläuft oder das Ziel nicht findet, sind zum einen die japanischen Passanten sehr hilfsbereit, jedoch manchmal etwas zu schüchtern, Englisch zu sprechen. Die auch unter Japanern sehr verbreitete und übliche Methode dann ist, sich an die nächste „Polizeistation" (*koban*) zu wenden (siehe Abbildung Nr. 23). Dies sind kleine, kiosk-ähnliche Polizeistationen, deren Hauptaufgabe ist es, sich um die jeweilige Nachbarschaft zu kümmern, und die auch von dieser Umgebung sämtliche Detailpläne haben. Eine ihrer häufigsten Aufgaben ist es, Menschen den Weg zu erklären. Heute findet man an den meisten *Koban* auch mindestens einen Beamten, der auch auf Englisch weiterhelfen kann und oft sogar englischsprachiges Informationsmaterial hat.

Nr. 23   Abbildung – Koban (Polizeihäuschen)

Verkehrsmittel

Das üblichste Verkehrsmittel in Japan ist die Bahn (U-/S-Bahn) – innerstädtisch und für Langstrecken (japanische Bahnen und Shinkansen). Insbesondere in Tokyo ist es auch das vorherrschende Verkehrsmittel im Geschäftsleben. Nur ganz hohe Manager oder Politiker fahren Auto (oder werden gefahren). Bahnfahren ist daher nicht peinlich, sondern normal und angesichts des fast immer herrschenden Staus auch die sinnvollste Variante. Die Pünktlichkeit japanischer Züge ist legendär. Selber Auto zu fahren lohnt daher kaum.

Die Alternative zum eigenen oder Mietauto, das Taxifahren, lohnt sich für kurze Strecken oder bei Regen. Schon auf mittlere Distanzen innerhalb einer Stadt ist die Bahn jedoch die beste Methode. Zusätzlich hat dies den Vorteil, dass man direkt mit dem Alltagsleben und den japanischen Menschen in Kontakt kommt, was im Sinne einer „Marktbeobachtung" wertvolle Anregungen bringen kann.

Nutzung der verschiedenen Verkehrsmittel:

a) Taxi
Taxis gibt es in verschiedensten Farben: gelb, grün, hellblau; alle haben einen kleinen Aufbau auf dem Dach, der sie als Taxi kenntlich macht (meist Symbole wie Blumen oder andere Muster, aber es steht nicht „Taxi" drauf).
Beim Taxifahren sind folgende Aspekte zu beachten:
Die Hintertüren des Taxis öffnen und schließen automatisch. Man sollte sie daher nicht berühren! Es ist – wie bei allen Services in Japan - nicht üblich, dem Fahrer Trinkgeld zu geben.
Das Straßensystem in Tokyo ist sehr kompliziert, und viele Taxifahrer kennen sich nur in „ihrem" Stadtteil aus. Wenn Sie der japanischen Sprache nicht mächtig sind, oder ihr Zielort kein bekannter Ort ist, sollten Sie dem Fahrer die genaue Adresse auf einem Blatt Papier geben (idealerweise geben Sie ihm den Plan, den Sie von dem Restaurant oder der Firma, die Sie besuchen wollen, erhalten haben).

b) U- und S-Bahn
Das Grundprinzip beim U-/S-Bahn-Fahren in japanischen Großstädten ist wie folgt: An den Bahnhöfen hängen über den Ticketautomaten große Schilder mit der Übersicht des Verkehrsnetzes aus, an dem jedem Bahnhof ein Preis zugeordnet ist, der für die Strecke des gegenwärtigen Bahnhofs zu diesem Ziel gilt. Der Bahnhof, an dem man sich befindet, ist rot markiert und hat keinen Preis. Diese Pläne gibt es an den meisten Bahnhöfen auch in lateinischer Schrift. Um also den Preis zu ermitteln, der nötig ist, um sein Ziel zu erreichen, sucht man den Zielbahnhof und sieht den Yenbetrag. Diesen Wert drückt man dann auf dem Ticketautomaten und erhält ein maschinenlesbares kleines Ticket, das man anschließend in die Eingangsschranke für die Bahnlinie steckt. Auf der anderen Seite der Schranke kommt das Ticket wieder heraus. Gleiches passiert am Zielbahnhof, jedoch mit dem Unterschied, dass das Ticket dann, weil es abgefahren ist, nicht wieder herauskommt.

Viele Ausländer finden dieses System sehr kompliziert, zumal es noch immer einige wenige Bahnhöfe gibt, an denen das Netz nicht in lateinischer Aufschrift hängt. Außerdem gibt es neben der staatlichen Bahn viele private Bahngesellschaften. Zwischen den einzelnen Gesellschaften kann aber man problemlos umsteigen. Hat man das System einmal grundsätzlich verstanden, ist es – mit Ausnahme der Suche nach dem richtigen Bahnhof – sehr einfach.

Alternativ, und das ist aus Zeitgründen sehr empfehlenswert, besorgt man sich eine IC-Karte (in Tokyo Suica oder Pasmo, siehe Abschnitt 5.2) und kann – Guthaben vorausgesetzt – direkt zur Schranke gehen, wo zunächst ein Grundbetrag abgebucht wird und am Zielbahnhof dann endgültig kalkuliert und eingezogen wird. Dies erfolgt in Bruchteilen von Sekunden mit NFC-Technologie.

Die Bahnstationen sind sehr gut beschildert (siehe Abbildung Nr. 24): Auf dem Bahnsteig gibt es Schilder, die in großer Schrift den jetzigen Bahnhof benennen – und zwar immer auf Japanisch und in lateinischen Buchstaben. Vor dem Hintergrund der olympischen Spiele 2020 werden diese Schilder mehr und mehr ausgetauscht gegen solche, auf denen zusätzlich auch eine eindeutige Stationsnummer steht, so dass das Auffinden eines bestimmten Bahnhofs noch einfacher wird. Zusätzlich geben die Schilder den vorangegangen (blass gedruckt) nächstfolgenden Bahnhof an, so dass man stets weiß, in welche Richtung der Zug fährt.

Nr. 24   Übersicht – Beschilderung von Bahnhofsstationen

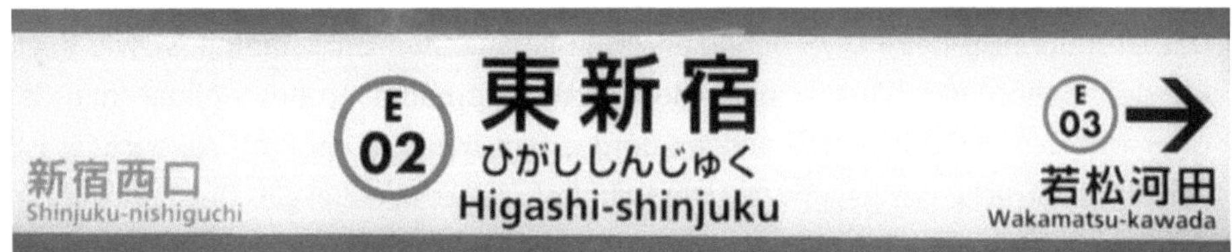

Beschilderung eines Bahnhofs auf Japanisch, in Hiragana-Umschrift und mit lateinischen Buchstaben, mit Bahnhofsnummer (hier E 02 für Oede-Line), Farbe (hier weinrot), vorangegangenem und nächstem Bahnhof (Wakamatsu-Kawada) mit Angabe der Fahrtrichtung

Wenn Sie zu einem bestimmten Ziel wollen, haben Sie meist von diesem (Geschäftspartner, Hotel oder ähnliches) wie eingangs beschrieben eine Anreisebeschreibung mit einer Karte erhalten. Nehmen Sie dann unbedingt den Ausgang am Zielbahnhof, der Ihnen von Ihrem Geschäftspartner genannt wurde oder der auf Ihrer Zeichnung steht– Sie vermeiden so sehr lange Umwege und möglicherweise ein Verlaufen!

In allen Bahnhöfen gibt es übrigens kostenlose und ausnahmslos saubere WCs und fast immer auch ein öffentliches Telefon.

c) Bus

Mit dem Bus zu fahren, ist für viele Ausländer sehr schwierig, da es nicht nur verschiedene Systeme gibt, sondern zudem die Beschilderung nur auf Japanisch ist und diese genauso im Stau stehen wie Autos und Taxis. Es ist daher für Geschäftsreisende nicht zu empfehlen.

d) Züge (Fernverkehr)

Auch für Langstrecken zwischen zwei Städten sind Züge meist das praktischste und schnellste Verkehrsmittel. Diese Verbindungen werden überwiegend von Japan Railways (JR) durchgeführt. Für die Hauptstrecken insbesondere auf Honshu ist dabei der Shinkansen mit seinen diversen Ausführungen das beliebteste Verkehrsmittel. Er verbindet beispielsweise die Städte Tokyo und Kyoto in drei Stunden (Kosten ca. 13,000 Yen), sowie Tokyo und Nagoya in 2 Stunden. (Kosten ca. 10,000 Yen). Anders als in Europa gibt es so gut wie keine Rabatte, mittlerweile kann man jedoch auch online buchen und Fahrten heraussuchen – auch auf Englisch (Suchmaschine auf Englisch unter: www.hyperdia.com/en). Die Hauptstrecken werden mehrfach stündlich befahren. Berücksichtigen sollte man jedoch, dass die Züge nicht bis tief in die Nacht fahren.

Wenn man mehrere große Strecken fährt, lohnt sich oft ein sogenannter „Japan Railpass", der zu einem Pauschalpreis beliebig viele Fahrten in fast allen Shinkansen-Zügen (und auch anderen JR-Zügen) berechtigt. Dies spart bereits Geld, wenn man einmal Tokyo-Kyoto und zurück fährt. Dieser steht nur ausländischen Japanbesuchern zur Verfügung, und bislang muss man ihn noch in Europa kaufen und dann in Japan einlösen, aber auch dies soll nun so vereinfacht werden, dass man ihn vermutlich ab 2017 dann auch noch vor Ort kaufen kann.

5.4. Telekommunikation, Elektrizität, Internet

Die Netzspannung in Japan beträgt 100 Volt im Vergleich zu den 230 Volt in fast allen europäischen Ländern. Die japanischen Stecker und Steckdosen entsprechen in der Form den amerikanischen, d.h. es handelt sich hauptsächlich um den Typ A (NEMA 1-15, 2-polig), der zwei flache Kontaktstifte hat. Daher ist es normalerweise nötig, entsprechende Adapter mitzubringen (oder im Hotel zu leihen).
Die unterschiedliche Spannung wird von PCs, Handys usw. üblicherweise problemlos ausgeglichen, auch die meisten Föne lassen sich umstellen (einen Fön gibt es jedoch fast in jedem japanischen Hotel im Zimmer).

Handy/Telefonieren
Telefonieren beziehungsweise Handynutzung ist zunächst einmal vergleichsweise aufwändig. Nach wie vor funktionieren deutsche/europäische Handys in Japan nicht. Dies ist auch unabhängig davon, welchen Provider Sie haben oder ob das Handy dualband- oder tri-/quadbandfähig ist. Das bedeutet jedoch nicht, dass man sein Handy zu Hause lassen sollte und auch nicht zwingend, dass man sich ein japanisches Handy zulegen muss.
Hier gibt es verschiedene Möglichkeiten, damit umzugehen:
Erstens lassen sich die verschiedenen Handy-Messengerfunktionen wie WhatsApp & Co heutzutage auch problemlos zum Telefonieren nutzen. Auch Skypen vom PC oder Handy ist eine Möglichkeit, vor allem, weil man diese Funktionen durch die große Zeitverschiebung zwischen Europa und Japan gut nutzen kann. Wenn man abends ins Hotel zurückkehrt, ist es in Deutschland immer noch Tag.
Zweitens kann man sich sowohl für nationale als auch für internationale Gespräche eine Telefonkarte kaufen (oder Münzen nutzen) und von öffentlichen Telefonen aus telefonieren. Da Japaner heutzutage aber nahezu alle über ein Handy verfügen, ist auch in Japan die Zahl der öffentlichen Telefonzellen sehr stark zurückgegangen. Noch gibt es viel mehr als in Deutschland, aber es gibt sie nicht mehr an jeder Ecke. Schwieriger ist es jedoch, eine Telefonkarte zu kaufen. Verkaufsstellen sind sehr rar geworden – am besten bekommt man sie noch in den (aber nicht allen) Convenience Shops wie 7/11, Family Mart, Lawson usw. Japanische öffentliche Telefone sind knallgrün und gut zu erkennen. Aufpassen muss man jedoch, da man nicht von allen Telefonen aus international anrufen kann (steht auf dem Telefon). Daneben gibt es

weitere private Anbieter, die speziell internationale Anrufe ermöglichen – sie verkaufen auch Telefonkarten, die aber nicht an den grünen Telefonen nutzbar sind.

Drittens gibt es von verschiedenen Anbietern die – allerdings recht teure – Möglichkeit, ein Handy inklusive einer japanischen SIM-Karte zu leihen. Bereits an den Flughäfen gibt es Schalter dafür und man kann am Ende des Aufenthaltes das Telefon recht problemlos auch wieder an vielen verschiedenen Stellen zurückgeben. Auch zahlreiche Hotels bieten einen solchen Mietservice an. Eine eigene Rufnummer bei einem Telefonanbieter zu kaufen, ist hingegen sehr aufwendig und ebenfalls recht teuer. Einfache Prepaidverträge, wie man sie beispielsweise aus Deutschland kennt, gibt es nicht. Die großen japanischen Mobilfunkanbieter sind Softbank, au, NTT Docomo.

WLAN-Hotspots (in Japan Wi-Fi genannt) gibt es bereits jetzt zahlreiche, und es werden in Vorbereitung auf die olympischen Spiele ständig mehr. In fast allen Hotels, in vielen Restaurants, in einigen Bahnen, öffentlichen Plätzen usw. gibt es kostenloses WLAN. Die Erklärungen zum Einloggen dazu sind an zahlreichen Info-plakaten und Aufklebern auch auf Englisch verständlich dargestellt. Auch die Landing Pages dieser Zugänge sind stets auch auf Englisch verfügbar, so dass man sie auch ohne japanische Sprachkenntnisse nutzen kann.

Außerdem gibt es speziell auf ausländische Besucher zugeschnittene Angebote für mobiles Internet. Dies funktioniert ähnlich wie das Leihen eines Mobiltelefons und erfolgt in Form eines kleinen Kästchens (de fakto ein kleiner mobiler Router, in dem eine SIM-Karte) steckt, mit dem man auch mehrere Geräte ins Internet bringen kann.

Dies nennt sich in japanischem Englisch „Pocket Wifi Rental" oder auch „Portable Wifi Router". Auch hier gibt es zahlreiche Verkaufsstellen bereits am Flughafen, aber auch in den Städten gibt es an zentralen Orten immer wieder Verkaufsbüros. Auch hier ist die Rückgabe am Ende des Aufenthalts völlig problemlos und mit wenig Aufwand verbunden – es geht sogar per Post. Die tägliche Miete ist mit 5-10 Euro nicht sehr günstig, aber wer sich nicht auf die Verfügbarkeit der kostenlosen WLAN-Spots verlassen möchte und/oder unbedingt ständig online sein muss, für den ist es eine sehr gute Möglichkeit, online zu bleiben.

5.5.   Sonstiges Wissenswertes von A-Z

Benri (Praktisch)

Eines der Hauptcharakteristika, das Japan, die Japaner und ihr Selbstverständnis ebenso wie ihren Anspruch kennzeichnet, ist, dass Dinge, Abläufe und alles, was man sich sonst vorstellen kann, praktisch (japanisch *„benri"*) sein müssen. Dies geht über den europäischen Marketingbegriff des „Kundennutzens" weit hinaus.

Wenn Ihr Produkt als *„benri"* bezeichnet wird, dann ist das ein sehr gutes Zeichen. Kombiniert mit dem Anspruch, dass der Kunde in Japan ja „Gott" ist, versucht jeder Anbieter von Waren und Dienstleistungen, möglichst *benri* zu sein. Das beginnt damit, dass Umsteigeverbindungen zwischen verschiedenen Verkehrsmitteln möglichst nahtlos (und immer gut dokumentiert und beschrieben) sein sollen, dass man sein Gepäck schnell los werden kann um *„benri"* weiter zu shoppen oder von A nach B zu fahren. Bereits gleich nach der Landung in Japan eigene Dienstleister, bei denen man seinen Koffer abgeben kann und die ihn noch am gleichen Tag zu Hause zustellen – man selbst fährt *benri* mit der Bahn ohne Gepäck nach Hause. Genauso *benri* kann man an jedem Bahnhof und in jedem Shoppingcenter sein Gepäck in ein Schließfach packen. Auch die überall vorhandenen Convenience Stores (siehe nächster Begriff) sind sehr *benri*.

CVS (Convenience Stores)

Convenience Stores (auf Japanisch meist *„Conbini"* abgekürzt) sind kleinflächige Einzelhandelsgeschäfte, die vor allem in den Großstädten meist rund um die Uhr geöffnet sind und nahezu alle nötigen Lebensmittel und kleinen Dinge des täglichen Bedarfs führen. Es gibt in Japan verschiedene große Ketten: Marktführer ist „7/11" mit 19.000 Filialen in ganz Japan, gefolgt von Family Mart, K, Sunkus, Lawson.

Der nächste CVS ist nie weiter als 500 Meter entfernt. Hier kann man übrigens auch zahlreiche Dienstleistungen erledigen: Sie fungieren oft als Zahlstation für E-Commerce, Infrastrukturdienstleistungen, man kann Geld abheben (gerade für Ausländer sehr praktisch), Fotos ausdrucken, fotokopieren, und selbstverständlich auch kostenlos auf Toilette gehen. Sie bieten auch fertige Gerichte an, die man meist an Ort und Stelle erhitzen und verzehren kann.

Erdbeben

Erdbeben kommen in Japan täglich vor – die meisten sind so klein, dass man sie kaum wahrnimmt. Dennoch kann es aufgrund der plattentektonischen Gegebenheiten jederzeit auch zu einem größeren Erdbeben kommen. Japan ist dafür sehr gut vorbereitet, aber jeder Einzelne soll und kann auch seinen Beitrag leisten. Dazu gehört unter anderem eine gute Vorbereitung. So sollte man sich stets (z.B. im Hotel) mit den Notausgängen und Feuerlöscherstandorten vertraut macht und keine Zugänge verstellen. Wenn es Regale gibt, sollte in den oberen Fächern nichts Schweres stehen – ein Großteil der Verletzungen bei Erdbeben wird durch herabfallende Gegenstände verursacht. In den Städten gibt es Sammelplätze/Evakuierungsplätze, zu denen man fliehen kann. Informieren Sie sich über den Nächstgelegenen. Halten Sie immer eine Taschenlampe bereit (dies ist in Hotels ohnehin standardmäßig der Fall und meist am Bett montiert).
Während eines Erdbebens: Schützen Sie den Kopf vor fallenden Gegenständen und stellen Sie sich in Türrahmen oder unter Tische. Stellen Sie möglichst alle elektrischen (und v.a. gasbetriebenen) Geräte ab.

Essen

Essen ist in Japan sehr wichtig. Überall auf den Straßen gibt es preiswerte und gute Imbissstuben – sowohl für westliche als auch für japanische und asiatische Küche. Daneben gibt es Restaurants sämtlicher Preiskategorien. Meist sind die Speisen außen in einem Display ausgestellt, so dass man ganz exakt sehen kann, was man bei welchem Gericht bekommt. Zusätzlich haben viele Restaurants, insbesondere in großen Städten und an Touristenpunkten, englisch- (und chinesisch)sprachige Menüs, was sie üblicherweise ebenfalls schon am Eingang ankündigen. Vor allem mittags bieten die Restaurants sehr günstige Menüs an, da nur wenige Firmen über eine Kantine verfügen. Landesweit ist die Mittagspause von 12.00-13.00 Uhr; dann sind die Restaurants sehr voll.

Krankheit

Krankenversicherung: Mit Japan besteht kein Krankenversicherungsabkommen, so dass sich – wenn nicht von Ihrer Firma bereits pauschal abgeschlossen – eine Auslandsreisekrankenversicherung lohnt.

Maßeinheiten

In Japan gilt das metrische System, also Einheiten wie Kilometer(Kilogramm. Temperatur wird in Grad Celsius gemessen und auch die Papiermaße (Din-A-4 beispielsweise) entsprechen den hiesigen. Im Geschäftsleben gilt auch grundsätzlich der gregorianische Kalender. Gleichzeitig wird aber bis heute eine eigene japanische Zeitrechnung verwendet, die die Jahre seit Antritt des jeweiligen Tenno (Kaisers) zählt, ergänzt durch ein „Motto", das jedem Kaiser individuell vorangestellt wird. Der gegenwärtige Tenno ist der „Heisei"-Tenno, der seit 1989 an der Macht ist. Dementsprechend ist das Jahr 2017 auch gleichzeitig Heisei 29. Diese Zeitangabe findet sich noch teilweise auf Fahrscheinen oder anderen Angaben. Darüber hinaus ist das Fiskaljahr japanischer Firmen von April bis März.
Bei Flächenangaben verhält es sich ähnlich: Quadratmeter sind üblich, insbesondere bei Wohnungsgrößen wird aber auch häufig das Maß „Tsubo" verwendet (1 Tsubo = 3,31 qm).

Regen (und Schnee)

Die japanischen Großstädte, allen voran Tokyo, sind hervorragend auf Regen eingerichtet. Regenschirme gibt es günstig überall zu kaufen, und vor Geschäften und Restaurants gibt es Schirmständer (meist unbewacht, aber es gibt auch welche, die ähnlich wie Schließfächer funktionieren) und meist auch clevere Geräte, die Plastiktüten für Schirme vorrätig haben, so dass man den Schirm mit einem Handgriff gut verpacken kann und damit auch keinen anderen nass macht. Den Schirm kann man beruhigt abstellen – gestohlen wird so gut wie nie, die größere Gefahr lauert darin, ihn zu vergessen –, aber man sollte ihn nur mit ins Geschäft nehmen, wenn er verpackt ist und keinen anderen stören kann. Auch dies ist ein Ausdruck der großen Rücksichtnahme, die Japaner unter sich zeigen.
Ganz anders verhält es sich mit Schnee, der aber vor allem in Tokyo und Osaka ohnehin kaum fällt. Fällt er dann doch einmal, dann entsteht schon mit den ersten Schneeflocken großes Chaos. Dies sind neben Erdbeben die einzigen Faktoren, die die japanische Pünktlichkeit aus dem Tritt bringen können.

Rücksichtnahme

Da Japan dicht besiedelt ist, ist Rücksichtnahme untereinander wichtig. Dies wird Japanern nicht nur von klein auf beigebracht, sondern auch mittels Lautsprecherdurchsagen zum Beispiel auf Bahnhöfen oder in Zügen immer wieder in Erinnerung gerufen. Dazu gehört unter anderem, dass man sich beim Bahnfahren anstellt und nicht einfach in die Tür hineinstürmt und dass das Telefon in der Öffentlichkeit (beim Laufen, Reden, Meetings, Bahnfahren, in Geschäften) grundsätzlich auf „stumm/lautlos" geschaltet ist (japanisch: *manner mode*). Dies ist etwas, woran man sich auch als Ausländer unbedingt halten sollte.

Sicherheit

Japan ist ein sehr sicheres Land. Das lässt sich statistisch einfach belegen: Auf 127 Millionen Einwohner kamen im Jahr 2015 knapp 1,1 Millionen Straftaten – Deutschland mit nur 80 Millionen Einwohnern hatte im gleichen Zeitraum 6,3 Millionen Straftaten. Davon waren in Japan 933 Gewalttaten (Deutschland 181.000) – das lässt sich kaum noch in Prozentzahlen ausdrücken. Auch in Amüsierviertels (wie beispielsweise dem berühmten Kabukicho in Tokyo) kann man sich sowohl als Mann als auch als Frau zu jeder Uhrzeit unbedenklich und unbehelligt bewegen. Auch Diebstähle sind sehr selten – der übliche Fall ist eher, dass man eher seine vergessene Ware oder Geld hinterhergetragen bekommt, als dass sie wegkommt.

Nahezu alle Interviewpartner hatten in diesem Zusammenhang auch eine Anekdote parat – wie beispielsweise die aus dem Jahr 2017, dass eine deutsche Geschäftsreisende ihr Handy im Shinkansen vergessen hatte. Da sie Japan gut kennt, machte sie sich nicht einmal große Sorgen, sondern rief beim „Lost & Found" an und bekam tatsächlich nach Nennung des Zuges und ihrer Sitznummer gesagt, dass jemand ihr Handy gefunden und dem Schaffner übergeben hatte. Am gleichen Tag noch erhielt sie es zurück.

Sicherheit ist aber immer auch eine Sache der Wahrnehmung – Japaner stöhnen oft darüber, dass es nicht sicher sei.

Lebensmittel, Wasser etc. können überall unbedenklich konsumiert werden. Auch Leitungswasser ist trinkbar, wenn auch für viele durch seinen Chlorgehalt nicht als besonders schmackhaft wahrgenommen.

Touristisches

Wenn man noch etwas Zeit hat, lohnt es sich, auch ein wenig Sightseeing zu machen, da viele der Sehenswürdigkeiten viel von der japanischen Kultur vermitteln, die man im Geschäftsleben so nicht erleben kann – sei es in den Tempeln und Schreinen, bei einer Teezeremonie oder ähnlichem. Auch hier gilt wieder: alles ist bestens organisiert, aufbereitet und zugänglich. Informationsmaterial gibt es an den meist auch bequem an Bahnhöfen gelegenen Touristenbüros von JNTO (Japan National Tourism Organization). Auch wenn Japaner selbst viel im Inland reisen, sind doch nicht alle Asiaten, die man sieht, Japaner! Vor allem bei den touristischen Sehenswürdigkeiten in Tokyo und Kyoto ist die Wahrscheinlichkeit hoch, dass der weit überwiegende Teil der dort anwesenden Asiaten keine Japaner, sondern vor allem koreanische und chinesische Touristen sind (60 Prozent aller Touristen in Japan stammen aus China/Taiwan und Korea).

Ungewöhnliches

Aus europäischer Sicht ungewöhnlich ist, dass es fast nirgendwo Mülleimer gibt; es ist Sitte, seinen Müll wieder mit nach Hause zu nehmen.

„Ankreuzen" einer richtigen Lösung oder um ein „Zutreffen" zu markieren empfinden Japaner als „Durchstreichen" oder Ungültigmachen, also genau als das Gegenteil. Stattdessen kreisen Japaner die Punkte ein, die sie auswählen.

WC

WCs sind in der Öffentlichkeit in Japan problemlos zu finden und immer kostenlos! In jedem Bahnhof gibt es mindestens eines; sie sind auch nahezu immer makellos sauber. Es ist auch kein Problem, in ein Kaufhaus, Restaurant oder ähnliches zu gehen und einfach nur die Toilette zu benutzen.

Die WC-Form entspricht in Hotels, größeren Restaurants und den meisten Firmen heutzutage der Standardform eines WC-Beckens mit Brille und Deckel. Die traditionelle japanische Form ist jedoch ein in den Boden eingelassenes Keramikbecken mit einem Loch (Hocktoilette). Auch dies ist noch sehr verbreitet, insbesondere an Bahnhöfen. Einige Dinge sind etwas anders als in Europa: zum einen sind die WCs insbesondere in guten Hotels und Restaurants wahre Elektronikwunder. Beheizte WC-Brillen sind mittlerweile Standard (dafür gibt es keine Heizungen in den Räumen), aber viele High-Tech-WCs weisen heutzutage Bidet-, Trockenfunktion und sogar Urinmessgeräte und ähnliches auf. Da die Bedienelemente teilweise ausschließlich auf Japanisch beschriftet sind, lohnt sich ein sorgfältiges Anschauen der einzelnen Knöpfe vor deren Bedienung. Die Spülung ist meist in irgendeiner Form deutlich gekennzeichnet.

Zahlen/Ziffern

Zahlen werden heutzutage fast immer in arabischen Ziffern dargestellt, obwohl man sie auch in japanischen Zeichen ausdrücken kann (was beispielsweise in einheimischen Kneipen oft der Fall ist). Daher gibt es damit üblicherweise keine Probleme. Wie im angloamerikanischen Gebrauch werden Tausenderstellen bei japanischen Zahlen durch Kommata, nicht durch Punkte abgetrennt.

Eine Besonderheit lohnt es sich jedoch zu wissen: Für die Zahl 10.000 gibt es ein eigenes Wort, das für alle Zahlen darüber als Multiplikator verwendet wird. Die Zahl „eine Million" beispielsweise setzt sich zusammen aus „100 x 10.000". Dies erschwert Übersetzungen häufig, und man sollte bei großen Zahlen immer aufpassen, dass sie richtig verstanden werden.

6. Anhang

6.1. Die japanische Sprache

Japanisch gilt schon aufgrund des Schriftsystems als schwierige Sprache. Das Schriftsystem besteht aus vier verschiedenen Schriftarten (siehe Abbildung Nr. 25), deren Grundprinzip Silben aus Konsonant und Vokal sind. Diese Schriftarten kommen in allen Texten parallel vor, da sie unterschiedliche grammatische Funktionen haben. Die Japaner haben vor vielen Tausend Jahren die Schriftzeichen (Kanji genannt), die jeweils Inhalte (Nomen, Adjektive, Verben) ausdrücken, von den Chinesen übernommen. Daneben gibt es zwei eigene japanische Silbenalphabete von jeweils 46 Zeichen, genannt Hiragana und Katakana.

Nr. 25   Übersicht – Japanische Schriftzeichen

Hiragana

あ a	か ka	さ sa	た ta	な na	は ha	ま ma	や ya	ら ra	わ wa	ん n
い i	き ki	し shi	ち chi	に ni	ひ hi	み mi	–	り ri	ゐ wi	
う u	く ku	す su	つ tsu	ぬ nu	ふ fu	む mu	ゆ yu	る ru	–	
え e	け ke	せ se	て te	ね ne	へ he	め me	–	れ re	ゑ we	
お o	こ ko	そ so	と to	の no	ほ ho	も mo	よ yo	ろ ro	を wo	

Katakana

ア a	カ ka	サ sa	タ ta	ナ na	ハ ha	マ ma	ヤ ya	ラ ra	ワ wa	ン n
イ i	キ ki	シ shi	チ chi	ニ ni	ヒ hi	ミ mi	–	リ ri	ヰ wi	
ウ u	ク ku	ス su	ツ tsu	ヌ nu	フ fu	ム mu	ユ yu	ル ru	–	
エ e	ケ ke	セ se	テ te	ネ ne	ヘ he	メ me	–	レ re	ヱ we	
オ o	コ ko	ソ so	ト to	ノ no	ホ ho	モ mo	ヨ yo	ロ ro	ヲ wo	

Kanji	酒	Kanji (Aussprache: Sake)
Beispiel: das Wort Sake (Reiswein/Alkohol)	さけ	In Hiragana-Silbenschrift dargestellte Aussprache des obigen Kanji „sa" und „ke"

In einem Satz werden Hiragana dafür verwendet, grammatische Funktion (Zeiten, Verneinung usw.) auszudrücken, aber auch – beispielsweise bei Schulkindern – schwierige Kanji in ihrer Aussprache darzustellen. Katakana dienen zur Umschrift von Wörtern aus anderen Sprachen. Das bedeutet, dass alle ausländischen Eigennamen in dieser etwas kantigen Schrift dargestellt werden. Auch Worte, die es bei Schaffung der japanischen Sprache noch nicht gab (Computer oder auch Gabel beispielsweise) werden mit Katakana geschrieben. Produktbezeichnungen, Uhrzeiten usw. werden wiederum heutzutage häufig mit lateinischen Buchstaben oder arabischen Ziffern dargestellt.

Traditionellerweise wird Japanisch von oben nach unten und von rechts nach links geschrieben; heutzutage durch die Nutzung von PCs am Arbeitsplatz sind Texte aber häufig von links nach rechts geschrieben.

Auch grammatikalisch ist Japanisch nicht trivial, da es einen großen Unterschied macht, wer etwas zu wem sagt. Männersprache unterscheidet sich von Frauen- und Kindersprache und es gibt viele verschiedene Möglichkeit, Höflichkeit, Respekt und Rang beziehungsweise Status auszudrücken. Schriftsprache und gesprochene Sprache unterscheiden sich ebenfalls teilweise stark. Für den gleichen Inhalt werden dementsprechend je nach Kontext unterschiedliche Wörter verwendet, die sich auch nicht ähneln.

Die Aussprache des Japanischen hingegen ist sehr einfach, man spricht so, wie man es schreibt, wobei man lediglich wissen muss, dass die Aussprache der Buchstaben auf dem Englischen basiert: z also wie in Englisch „zoo", nicht wie das deutsche „Zoo", s ist immer scharf).

Umgekehrt ist die Tatsache, dass das Japanische auf Silben der Form „Konsonant-Vokal" beruht, der Hauptgrund für die für westliche Ohren sehr gewöhnungsbedürftige Art der Aussprache von Japaner der englischen (oder gegegebenfalls deutschen) Sprache. Konsonanthäufungen kommen im Japanischen quasi nicht vor. Daher besteht die Tendenz, auch in anderen Sprachen zwischen zwei Konsonanten einen – mehr oder weniger – schwachen Vokal dazwischenzuschieben. Aus dem Satz „I don´t speak English" wird daher akustisch ein „I don(u)t supieku Ingurishu".

Die japanische Sprache hat sehr viele Homophone (Worte, die gleich ausgesprochen werden, aber eine unterschiedliche Bedeutung und Schreibweise haben, ähnlich wie „Lid" und „Lied" oder „Bank"). Viele Wörter werden daher nur aus dem Zusammenhang oder durch die Schreibweise verständlich.

Insgesamt ist es daher wenig erfolgversprechend, kurz vor einer Geschäftsreise Japanisch zu lernen. Vielmehr könnte man einige Worte auswendig lernen, um dem Gegenüber seine Wertschätzung zu zeigen (bspw. Dankeschön oder Guten Tag) und sich ansonsten entweder eines Dolmetschers zu bedienen oder die Gespräche (nach Rückfrage bei den japanischen Partnern) auf Englisch zu führen.

Eine Website auf Japanisch einzustellen, ist technisch heutzutage keine große Herausforderung mehr – alle Geräte können mittlerweile auch Schriften wie das Japanische darstellen. Da ein japanisches Zeichen aus mindestens zwei Buchstaben (bis auf wenige Ausnahmen) besteht, nämlich Konsonant und Vokal, um ein Zeichen auf dem Bildschirm darzustellen, ist das gar nicht so trivial und auch erst seit wenigen Jahren überhaupt möglich. Wichtig wird dieser Aspekt jedoch dann auch heute noch, wenn man beispielsweise Online-Bestellungen auch auf Japanisch abwickeln möchte – dann muss das Backend-System entsprechend konfiguriert sein. Aber auch das ist ohne großen Aufwand üblicherweise machbar, man sollte es jedoch wissen.

Unter Mitarbeit von Karin Funke-Rapp

6.2.   Flughafentransfers Tokyo, Kyoto/Osaka, Nagoya

Auch beim Transfer von und zu den Flughäfen wird in ganz Japan überwiegend der öffentliche Nahverkehr gewählt und nur sehr selten das Auto oder Taxi. Die Infrastruktur dafür ist in allen Städten hervorragend, schnell und bequem.

In Übersicht 26 werden für die wichtigsten internationalen Flughäfen (Tokyo (Narita und Haneda), die Region um Kyoto, Osaka und Kobe (Kansai-Airport) und Nagoya (Centrair) die Hauptverbindungen aufgeführt.

Flüge nach Tokyo landen überwiegend auf dem internationalen Flughafen von Narita, rund 70 Kilometer von Tokyo entfernt. Es gibt noch einen zweiten Flughafen, der zwar überwiegend für Inlands- und Asienflüge genutzt wird, aber zunehmend auch für Flüge aus Europa. Air France beispielsweise fliegt regelmäßig den sehr nah der Innenstadt liegenden Flughafen Haneda an. Die Transferzeit von diesem Flughafen in die Innenstadt beträgt – je nach Fahrtziel – nur rund 30-60 Minuten, von Narita aus in die Innenstadt mindestens 60, meist eher 90 Minuten. Bezugs- beziehungsweise Umsteigepunkt sind meist Bahnhöfe auf der ringförmigen Yamanote-Line (S-Bahnlinie). Von diesen Bahnhöfen kommt man dann zu jedem beliebigen Fahrtziel. Beide Flughäfen verfügen über mehrere Terminals, die sehr gut angebunden sind.

Alle Verbindungen, Ticketschalter auf den Flughäfen usw. sind hervorragend aus-geschildert und auch für Ausländer völlig problemlos auffindbar und buchbar. Das Personal an den Schaltern spricht Englisch. Alle Ticketschalter dieser Verkehrsmittel liegen am Flughafen eng nebeneinander, so dass man sich auch kurzfristig vor Ort für eines entscheiden kann, je nachdem, welches als nächstes fährt. Die Frequenz ist bei allen recht häufig. Bei der Rückfahrt zum Flughafen sollten Sie sich vorher erkundigen (bspw. im Hotel) und reservieren!
Für alle Verkehrsmittel gilt, dass es keinen Online-Ticketverkauf gibt (Stand Januar 2017).

Für Hin- und Rückfahrten beziehungsweise Anschlusstickets an den normalen ÖPNV gibt es teilweise Sonderangebote, auf die ebenfalls gut verständlich hingewiesen wird (auch auf Englisch).

Wenn man in Osaka, Kyoto oder Kobe zu tun hat, empfiehlt sich der Kansai International Airport bei Kyoto. Dieser liegt rund 50 Kilometer von Osaka entfernt auf einer künstlich aufgeschütteten Insel.

Die Automobilbranche konzentriert sich in Japan geographisch vor allem auf den Raum um Nagoya. Der dortige „Centrair"-Flughafen ist dann am nächsten gelegen.

Nr. 26   Übersicht – Flughafentransfer wichtiger Städte

Transportmittel	Stationen	Preis/Dauer/Uhrzeit (ab Flughafen)	Bemerkungen/Website (Englisch)
TOKYO (NARITA, NRT)			www.narita-airport.jp/en/access/
JR Narita Express (NEX) (Express Zug)	Tokyo Station, Shinjuku, Ikebukuro, Omiya und Yokohama	Zwischen 3.020 und 4.290 Yen 60 Minuten bis Tokyo Station (weitere Stationen etwas länger) Täglich ab 7.44 bis 21.44 im Halbstundentakt	Alle Bahnhöfe sind sehr verkehrsgünstig gelegen Die Tickets kauft man am Schalter direkt am Flughafen oder in der Stadt an nahezu jedem JR (Japan Railways) Schalter (Midori no Madoguchi oder View Plaza) bzw. an Fahrkartenautomaten. Nur reservierte Sitzplätze www.jreast.co.jp/e/nex/
Keisei Skyliner	Nippori und Ueno	2.470 Yen, 40 min. ab 7.26 bis abends 22.30 Uhr, im 40 Minuten-Takt.	Der Ringbahnhof „Ueno" liegt im Norden Tokyos. Von dort aus benötigt man etwas mehr Zeit, um zu den zentraler gelegenen Bahnhöfen wie Tokyo Station oder Shinuku zu gelangen, so dass man sich nicht von der zunächst scheinbar kürzeren Fahrtzeit täuschen lassen sollte. www.keisei.co.jp/keisei/tetudou/skyliner/us/ae_outline/index.php.

Trans-port-mittel	Stationen	Preis/Dauer/Uhrzeit (ab Flughafen)	Bemerkungen/Website (Englisch)
Limousine Bus	Fährt verschiedene Bahnhöfe und Hotels in Tokyo und Yokohama an	3.100 Yen, rund 80-90 Minuten Täglich zwischen 7.35 und 21.55 Uhr	Für Geschäftsreisende mit viel Gepäck sehr komfortabel, da Hotels direkt angefahren werden und kein Umsteigen nötig ist Nur reservierte Sitzplätze www.limousinebus.co.jp/en/
TOKYO (HANEDA, HND)			www.tokyo-airport-bldg.co.jp/en/access
Keikyu-Line	Shinagawa	410 Yen, 13 Minuten bis Shinagawa,	In Shinagawa steigt man um in die Ringbahn "Yamanote Line" oder andere Linien. www.haneda-tokyo-access.com/en/
Limousine Bus		1.230 Yen, 60-80 Minuten Ab 5.45 Uhr morgens bis 21.50	www.limousinebus.co.jp/en/
Tokyo Monorail	Hamama-tsucho	500 Yen (inklusive aller Anschlussbahnhöfe der Yamanotelinie), 13 Minuten bis Hamamatsucho im 4-Minuten-Takt	Hamamatsucho liegt ebenfalls praktisch auf der Yamanote-Ringbahn-Linie und verbindet so mit allen wichtigen Bahnhöfen der Stadt www.tokyo-monorail.co.jp/english/
KYOTO, OSAKA, KOBE (Kansai Int. Airport, KIX)			www.kansai-airport.or.jp/en/access/index.html
Bahn (Airport Express und Limited Express	Osaka (Namba)	920 Yen, 44 Minuten.	Beide (privaten) Bahnlinien verbinden den Flughafen mit Osakas Namba-Station, ein zentraler Umsteigebahnhof in Osaka. Von Namba kann man gut Umsteigen nach Nara, Kyoto, Osaka

Transportmittel	Stationen	Preis/Dauer/Uhrzeit (ab Flughafen)	Bemerkungen/Website (Englisch)
Rapi:t)			usw. Keine reservierten Plätze, es kann zu Peakzeiten daher sehr voll werden. www.howto-osaka.com/en/
Bahn Haruka-Limited Express	Osaka (Tennoji), Osaka, Shin-Osaka, Kyoto	Osaka: ab 1.190 Yen*, Fahrzeit 65-70 Minuten. Zwischen 6.00 und 22.30, alle 15 Minuten. Kyoto: ab 2.850 Yen*; Fahrtzeit 75-90 Minuten. Zwischen 5.45 und 20.30 Uhr	Es gibt reservierte und nichtreservierte Plätze. Die Züge fahren über Osaka nach Kyoto.
Bus (Kate)	Osaka, Kyoto, andere Städte weiter außerhalb (siehe rechts)	Ab 1.550 Yen; Ab 3.00 Uhr nachts Dauer je nach Fahrtziel: Osaka rund eine Stunde	Der Bus fährt nicht nur die großen Städte, sondern auch Städte in den umliegenden Provinzen und sogar Präfekturen an. Details siehe Website. www.kate.co.jp/en/busstop/index
Bus (Limousine)	Kyoto	2.550 Yen, 90 Minuten. Ab Flughafen zwischen 6.00 und 23.40 Uhr, ab Kyoto Hbf zwischen 4.30 und 21.40 Uhr. Alle 20-40 Minuten	Verschiedene Stationen in Kyoto werden angefahren. Mehrere Anbieter sind zusammengeschlossen: Keihan Bus, Kansai Intl. Airport Limousine Bus („KATE") und Osaka Airport Company
NAGOYA (CENTRAIR/CHUBU, NGO)			www.centrair.jp/en
Airport Bus	Nagoya Station	1.500 Yen (55 Minuten) bis Nagoya Station	
Centrair		1.200 Yen (88 Mi-	Fährt ähnlich wie der Limousine

Trans- port- mittel	Stationen	Preis/Dauer/Uhrzeit (ab Flughafen)	Bemerkungen/Website (Englisch)
Limousine		nuten)	Bus in Tokyo die größeren Hotels an www.centrair.jp/en/to_and_from /access/centrair-limousine.html
Nagoya Railroad (Meitetsu)	Nagoya Station	1.230 Yen, 28 Minuten Dauer. Von morgens 5.24 bis 23.31 Uhr, rund 15 Minuten Takt zu den Peakzeiten	www.meitetsu.co.jp/eng/

* kleine Preisunterschiede für reservierte und nicht-reservierte Plätze und Hoch-/Nebensaison.

6.3. Japanische Infrastruktur im deutschsprachigen Raum

In Deutschland gibt es zahlreiche japanische Institutionen, die gut zum Networken oder zur Informationsbeschaffung dienen. Zentrum der Japaner ist Düsseldorf; dort siedelte sich nach dem zweiten Weltkrieg 1955 das erste japanische Handelshaus an, das viele weitere Unternehmen nach sich zog. Düsseldorf ist damit die größte japanische Community auf dem europäischen Festland. Es gibt eine japanische Handelskammer, einen japanischen Club, mehrere Schulen und Kindergärten sowie zahlreiche Dienstleister, die speziell Angebote für Japaner haben (Banken, Versicherungen, Zeitungen, Buchhandel, Reisebüros, Supermärkte usw.). Der Deutsch-Japanische Wirtschaftskreis (DJW), der wirtschaftlich auf Mitgliedsbasis Unternehmen rund um Japan hilft, hat seinen Sitz ebenfalls in Düsseldorf. JETRO hat hier eine von zwei Niederlassungen in Deutschland (siehe im Detail Kapitel 2.3).

Die Botschaft Japans befindet sich in Berlin und führt in loser Reihenfolge interessante Vorträge durch, an denen die interessierte Öffentlichkeit teilnehmen kann. Man kann die Botschaft auch besuchen und in einem öffentlich zugänglichen Raum zahlreiche Informationsmaterialien über Japan kostenlos mitnehmen.

In Berlin sitzt ebenfalls das Japanisch-Deutsche-Zentrum Berlin (JDZB) als wichtiges bilaterales Institut in den Bereichen Wirtschaft, Wissenschaft, Kultur und Politik. Es veranstaltet zahlreiche hochkarätige Symposien und Vorträge, die fast alle öffentlich zugänglich sind. Daneben gibt es eine große Bibliothek zu japanbezogener Literatur, und es werden auch sehr gute Sprachkurse angeboten.

Darüber hinaus gibt es in vielen Städten Lokalstrukturen der „Deutsch-Japanischen Gesellschaft (DJG)", in der jeder Interessierte Mitglied werden und an dem bunten Kulturprogramm teilnehmen kann.

Das Japanische Kulturinstitut (Japan Foundation) hat seinen Sitz in Köln und bietet ebenfalls ein reichhaltiges Kulturprogramm, Sprachkurse usw. über Japan.

Die japanische Tourismuszentrale JNTO hat ihren Sitz in Frankfurt, unterhält jedoch auch eine sehr informative Website auf Deutsch und versendet kostenlos auf Anfrage sehr interessantes Informationsmaterial und Karten zu Japan.

Alle Institutionen bieten auch informative Newsletter an, die man zumeist kostenlos beziehen kann.

In Österreich und der Schweiz gibt es ebenfalls verschiedene Institutionen mit Japanbezug (neben der Botschaft beispielsweise die Österreichisch-Japanische Gesellschaft beziehungsweise die Swiss-Japanese Society). Wenn auch in beiden Ländern nur relativ wenig Japaner leben, ist Österreich als Reiseland sehr interessant für Japaner – sie stehen an zweiter Stelle der Touristen aus Asien.

Jeder, der in irgendeiner Form geschäftlich in Kontakt mit Japan treten möchte, kann dies also bereits in Europa bestens vorbereiten.

6.4. Quellen- und Literaturhinweise

Titel/Thema	Quelle
Business Development Center Tokyo	www.bdc-tokyo.org/?cat=3
Cluster	www.jetro.go.jp/en/invest/region/icinfo.html
GTAI	www.gtai.de
Japanisch-Deutsches-Zentrum Berlin	www.jdzb.de
JETRO	www.jetro.go.jp/en
Laws and Regulations on Setting Up Business in Japan (2016) (Hrg.: JETRO)	Interaktiv unter: www.jetro.go.jp/en/invest/setting_up/laws.html Als PDF: http://japan.mfa.gov.ge/files/japan/gzamkvlevi/theestablishmentofenterprisesinjapanenglish.pdf
Messe-Datenbank	www.jetro.go.jp/en/database/j-messe.html
Olympia 2020	https://tokyo2020.jp/en/
Statistikamt	www.stat.go.jp/english/
Tokyo Employment Consultation Center	http://t-ecc.jp/english.php
Tokyo One-stop Business Establishment Center	www.tosbec.com/english
Tourismuszentrale (JNTO)	www.jnto.de
Umfrage "German Business in Japan 2016" (Hrg.: AHK)	Online unter: www.japan.ahk.de/fileadmin/ahk_japan/survey2016.pdf

7. Stichwortverzeichnis

Über die Autoren

Dr. Kerstin Teicher hat Betriebswirtschaftslehre und Japanologie in Berlin, Tokyo und Kassel studiert. Sie war über 20 Jahre an verantwortlichen Stellen in der deutschen Wirtschaft tätig, zuletzt als Geschäftsführender Vorstand der größten privaten japanischen Wirtschaftsorganisation. Dabei war sie vor allem international in Japan, Lateinamerika und Europa unterwegs. Zu ihren Stationen gehörten auch strategische Positionen in der Medienindustrie und Unternehmensberatung. Regelmäßig schreibt sie über diverse wirtschaftliche Themen, hält Vorträge und Schulungen, meist in vergleichender Perspektive. Seit 2007 lebt sie in Paraguay und arbeitet selbständig. Sie berät Firmen, Organisationen, führt Schulungen und Seminare durch und lehrte auch an der paraguayisch-deutschen Universität (UPA) Betriebswirtschaftslehre. Sie beschäftigt sich intensiv mit Gründungsthemen, Investitionsentscheidungen und Personalwesen für alle Unternehmensgrößen. (Kontakt: letterbox@abteilung-wort.de)

Dr. Karin Funke-Rapp hat Japanologie, Politologie und Nordamerikanistik mit wirtschaftswissenschaftlicher Ausrichtung in Bonn, Berlin und Tokyo studiert. Nach einer journalistischen Laufbahn, die sie studienbegleitend verfolgte, hat sie viele Jahre in der Automobil-, Energie-, und Elektrobranche bei globalen Konzernen gearbeitet und dort die interne und externe Unternehmenskommunikation verantwortet. Sie hat für zahlreiche Projekte auf internationaler Ebene die Kommunikationsarbeit strategisch entwickelt und umgesetzt und hierfür auch länger in den USA und Japan gelebt. Seit 2016 arbeitet Frau Dr. Funke-Rapp freiberuflich als Kommunikationsberaterin, Moderatorin und Trainerin für interkulturelle Kommunikation. (Kontakt: www.fr-communications.com)